빛나라초등학교
과학추리반

작가의 말

미래 기술 챌린지에
어린이 여러분을 초대합니다!

　미래 기술이라고 하면 어렵게 느끼는 친구들이 있을 거야. 아니면 먼 미래의 일이라고 생각하는 친구가 있을지도 몰라. 하지만 미래 기술은 지금, 우리 생활과 밀접하게 연관돼 있어.
　아침에 눈을 떠서 밤에 잠들기까지 우리가 얼마나 많은 미래 기술을 경험했을지 생각해 볼까? 자율 주행 기술이 적용된 자동차부터 사람이 없어도 깨끗이 청소해 주는 로봇 청소기, 놀이터에서 씽씽 타고 놀았던 탄소 섬유로 된 자전거 그리고 네가 가장 좋아하는 로블록스 게임까지 모두 미래 기술이 적용된 것들이야. 다만 관심이 없어서 몰랐던 것뿐이지.

이 책에 어린이 친구들이 미래 기술에 관심의 눈을 떴으면 하는 마음을 담았어. 빛나라초등학교 과학추리반 친구들과 함께 미션을 해결하는 동안 미래 기술이 필요한 이유와 그 원리가 무엇인지, 앞으로 미래 기술이 어떻게 발전할지를 자연스럽게 알아 갈 수 있을 거야.

그리고 미래 기술이 주는 편리함 속에서도 꼭 생각해 봐야 할 문제가 있으니 끝까지 놓치지 말아 줘.

그럼, 행운을 빌어!

빛나라초등학교 과학추리반의 시크릿 멤버
강미숙 보냄

차례

작가의 말 미래 기술 챌린지에 어린이 여러분을 초대합니다! · 4

등장인물 빛나라초등학교 과학추리반 인물 파일 · 8

배경 빛나라초등학교 과학추리반이 궁금해 · 10

프롤로그 수상한 스마트 패드 · 12

미션 1
눈먼 사람도 혼자 다닐 수 있는 방법을 찾아라 · 17

자율 주행 사용 설명서
스스로 운전하는 자동차, 자율 주행 기술로 만들어요 · 28

미션 2
지진 현장에서 안전하게 사람을 구하라 · 38

재난 로봇 사용 설명서
위험한 사고 현장에서 사람 대신 활약해요! · 49

미션 3
까맣게 썩어 가는 벼를 살려라 · 58

크리스퍼 유전자 가위 사용 설명서
고장 난 유전자를 싹둑 잘라 고칠 수 있어요 · 67

미션 4
꽁꽁 언 물에서 보다 강력한 에너지를 찾아라 · 75

수소 에너지 사용 설명서
가장 흔한 원소로 만든 가장 완벽한 에너지예요 · 84

미션 5
가뭄이 든
섬에서 물을
만들어라 · 93

생체 모방 기술 사용 설명서

미래를 이끌어 갈 기술은
자연 속에 있어요! · 102

미션 6
부작용이 없는
약초를 구하라 · 110

나노 기술 사용 설명서

작지만 강하고
정확한 물질을 만드는
나노 기술을 아시나요? · 119

미션 7
세상에서
가장 튼튼한 다리를
만들어라 · 128

탄소 섬유 사용 설명서

실처럼 가볍고,
철보다 단단해요! · 137

미션 8
자유자재로
오갈 수 있는 서당을
만들어라 · 146

가상 세계 사용 설명서

무엇이든 이루어지는
꿈같은 세계로 초대할게요 · 156

에필로그 새로운 도전을 향하여 · 165

빛나라초등학교 과학추리반 인물 파일

이다원

빛나라초등학교 5학년 과학추리반 부원. 머리를 쓰는 공부보다 축구, 수영, 야구 등 몸으로 하는 활동을 좋아한다. 싫증을 잘 내 무슨 일 하나 제대로 끝마친 적이 없다. 어떤 동아리든 졸업할 때까지 꾸준히 활동하면 최신형 스마트 패드를 사 주겠다는 엄마의 말에 과학추리반에 들어왔다.

김귀리

생명 공학자가 꿈인 전교 1등 모범생. 늘 책을 끼고 다니지만 알고 보면 대부분 만화책이다. 교과서 안에 만화와 추리 소설을 끼워 놓고 보는 건 아무도 모르는 비밀이다. 공부는 잘하지만 깐깐한 성격 때문에 친구라곤 과학추리반 아이들뿐이다.

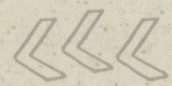

정영실

학교에서 가장 덩치가 크지만, 속은 여리다.
유치원에 다닐 적 놀림당할 때마다
대신 싸워 주었던 귀리를 남몰래 좋아한다.
서당 개 삼 년이면 풍월을 읊는다고,
귀리 옆에서 과학 만화나 추리 소설을
많이 읽으며 풍부한 과학 상식을 쌓았다.

태슬아 선생님

1년 전 빛나라초등학교에 부임해 과학추리반을
만들었다. 떠도는 소문에 의하면
미국 나사(NASA)에서 오래 일했고, 과학계에서
명성이 자자하다고 한다. 하지만 현실은
"나는 과학과 결혼했다"라고 말하는 노총각 선생님.
늘 흰 가운을 입고, 베레모를 쓰고 다니는
패션 테러리스트다.

빛나라초등학교 과학추리반이 궁금해

빛나라초등학교에는 꼭 하나의 동아리에 가입해야 한다는 규칙이 있다. 성적이나 인기보다 어떤 동아리에 들어갈지가 학생들 사이에서 최고의 관심사다. 만점 수학반, 술술 영어반, 뿜뿜 아이돌반 같은 인기 동아리는 대기자만 오십 명이 넘는다. 반대로 부원이 적은 동아리는 소리 소문도 없이 사라져 버린다.

그런 점에서 과학추리반은 사라질 동아리 1순위 후보다. 생긴 지 1년밖에 안 된 데다, 과학추리반의 존재를 아는 학생도, 선생님도 몇 없다. 가장 인기 없는 동아리라 동아리실도 학교 구석의 다 쓰러져 가는 창고로 배정을 받았다. 창고에는 과학 실험을 하다 죽은 귀신이 나온다는 소문이 돌아 아무도 오지 않는다.

태슬아 선생님은 희귀한 과학 만화를 실컷 보여 준다는 조건으로 귀

리를 먼저 스카우트했고, 자연스럽게 영실이가 귀리를 따라 가입했다. 전교에서 까불기로 1등인 다윈이는 받아 주는 동아리가 없어 고민이었는데, 과학추리반이 새로 생겼다고 해서 원서를 냈다. 역시나 단번에 합격했다.

 동아리에서 첫날, 태슬아 선생님은 세 아이를 모아 놓고 "빛나는 과학 지식으로 똘똘 뭉쳐, 흥미진진한 추리 게임의 주인공이 되게 해 주겠다"라고 큰소리를 뻥뻥 쳤다. 하지만 그로부터 3개월 동안 제대로 해 본 활동이 없다. 아이들은 동아리실에서 선생님이 가져다 놓은 만화책을 보거나, VR 게임을 하면서 시간을 보내는 것이 전부다. 선생님은 그런 아이들을 보며 "다 계획대로 되고 있다"라는 알 수 없는 말을 하곤 한다.

프롤로그 — 수상한 스마트 패드

"똑똑, 택배 왔어요!"

과학추리반 동아리방에 앉아 있던 다원이가 빛의 속도로 달려갔다. 문을 열어 보니 택배 배달원 아저씨는 보이지 않았다. 바닥에 상자 하나가 덩그러니 놓여 있을 뿐이었다. 보내는 사람란은 비어 있지만, 받는 사람란에 정확히 '빛나라초등학교 과학추리반'이라고 써 있었다. 다원이와 귀리, 영실이는 택배 상자를 가운데에 놓고 고민에 빠졌다.

"선생님 앞으로 온 걸까?"

"과학추리반이면 우리야! 우리한테 온 거야. 열어 보자."

"이 안에 뭐가 들었을 줄 알고. 선생님 올 때까지 기다려 보는 게 낫겠어."

똑딱똑딱…….

한참이 흘러도 태슬아 선생님은 돌아오지 않았다. 교무실에 간다고 나간 지가 벌써 한 시간째였다. 무슨 일이 있으면 전화라도 했을 텐데 오늘따라 이상했다. 기다리다 좀이 쑤신 다원이가 갑자기 택배 상자를 북북 뜯기 시작했다. 빽 소리를 지르는 귀리 뒤에서 영실이가 두 눈을 질끈 감았다.

"스마트 패드?"

상자 안에서는 스마트 패드가 나왔다. 다원이 가지고 싶어 하는 삼손의 최신형 모델이었다! 그 순간 귀리가 냅다 패드를 낚아챘다. 손이 보이지 않을 정도로 순식간이었다. 귀리는 패드의 전원 스위치를 꾹 눌렀다. 낮은 진동음과 함께 패드가 켜졌다.

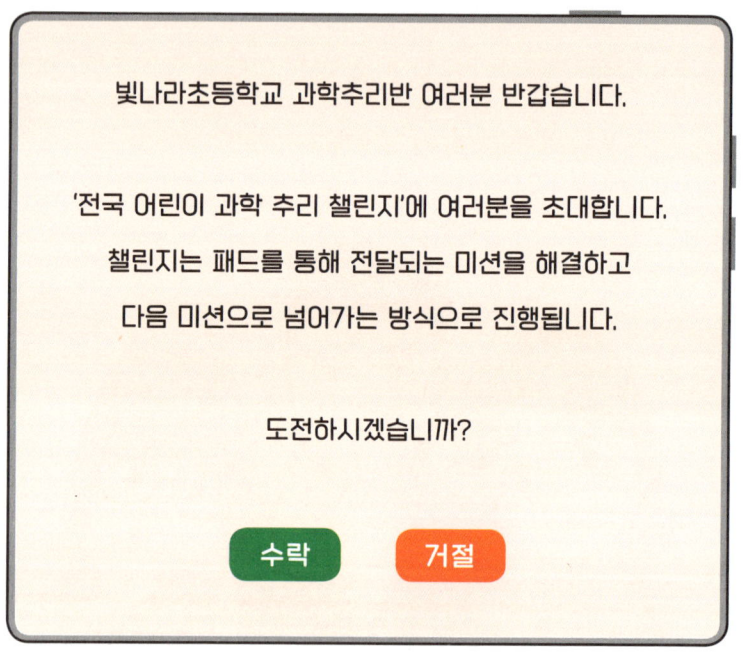

'수락' 버튼과 '거절' 버튼이 깜빡일 때마다 세 아이는 마른 침을 꼴깍꼴깍 삼켰다. 누구도 섣불리 버튼을 누르려 하지 않았다. 버튼이 스무 번쯤 깜박거리는 순간, 귀리가 불쑥 손을 뻗어 버튼 하나를 길게 눌렀다.

"김귀리! 어떡하려고?"

다원이와 영실이의 두 눈이 왕방울만 해졌다.

탁월한 선택입니다.

이제부터 여러분에게 여덟 가지 미션이 주어집니다.

스마트 패드를 통해 전송되는 상황을 잘 살펴봐 주세요.

여러분의 과학 지식과 추리력을 총동원하여

주어진 상황에 필요한 기술을 찾아내야 합니다.

미션이 어렵다면 포기하고, 다음 미션으로 넘어갈 수도

있습니다. 하지만 여덟 가지 미션을 모두 해결하면

깜짝 선물을 받을 수 있습니다.

행운을 빌어요!

※ 추신. 태슬아 선생님은 미션을 다 해결해야 만날 수 있습니다.

START

"히익! 이게 다 뭐야!"

혼란스러워진 아이들은 서로의 얼굴만 쳐다보았다.

"생각 좀 해 보자. 누구 이런 이상한 챌린지 신청한 적 있어?"

귀리의 말에 다윈이와 영실이는 고개를 가로저었다.

"선생님이 신청했다고 쳐. 그래도 말이 안 돼. 선생님이 갑자기 사라진 것도 이상한데, 미션을 해결해야 선생님을 만날 수 있다니! 뭔가 수상해."

"혹시 선생님이 위험에 빠진 거면 어쩌지?"

패드를 가만히 바라보고 있던 영실이가 돌연 손을 뻗어 시작 버튼을 꾹 눌렀다.

"야, 말도 없이 갑자기 누르면……."

그 순간 패드 화면의 글자가 사라지고 화면이 하얗게 변했다. 곧 패드에서 엄청난 빛이 뿜어져 나왔다.

"아악, 이게 뭐야!"

"무, 무서워. 살려 줘!"

놀란 귀리가 패드를 놓쳤다. 바닥에 떨어진 패드에서 쏟아져 나온 빛이 동아리실을 가득 채웠다. 하얀빛은 곧 알 수 없는 형체들이 뒤섞인 영상으로 바뀌었다. 꼭 3D 영화관에서 봤던 영화처럼 생생했다. 믿을 수 없는 광경에 과학추리반 아이들은 뒤로 나동그라졌다. 머리 위로 강렬한 빛의 영상이 회오리바람처럼 빠르게 휘몰아치고, 그에 맞서듯 천둥 같은 소리가 둥둥 울렸다. 아이들은 손을 맞잡은 채 눈앞에 펼쳐진 영상에 빠져들었다.

미션 1
눈먼 사람도 혼자 다닐 수 있는 방법을 찾아라

"단심아, 단심아! 아비는 준비 다 됐다."

"잠깐만요. 낮에 할머니랑 단지 먹을 것 좀 챙겨 두고요."

부엌에서 주먹밥을 만들던 단심이의 손길이 더 바빠졌다. 그사이 아버지는 옷을 갖춰 입고 마루 끝에 나와 앉아 있었다. 아버지는 발로 더듬더듬 댓돌 위 짚신을 꿰려 했지만 짚신은 미꾸라지처럼 발끝을 요리조리 비껴갔다. 설상가상 초조하게 움직이던 발에 짚신이 채여 그만 툭 하고 댓돌 아래로 떨어지고 말았다.

때마침 단심이가 부랴부랴 부엌에서 나왔다. 단심이는 손에 묻은 물을 치마에 쓱쓱 닦고 짚신을 주워 아버지 발에 신겨 드렸다. 그러고는 아버지의 눈이 되어 줄 지팡이를 집어 들었다.

"아버지, 여기 지팡이요. 자, 이제 가요."

아버지는 명통시에서 독경을 했다. 명통시는 단심이 아버지처럼 앞 못 보는 사람들의 자립을 돕는 특별 관청이었다. 이곳에 뽑힌 사람은 기우제 같은 큰 행사가 있을 때 모여서 나라의 안녕을 비는 경문(어떤 의식을 할 때 외는 주문)을 외는 일을 했다. 임금님 앞에 나가서 경문을 외고 난 뒤 그 대가로 쌀과 베 등을 받았다.

명통시에 가는 날 아버지를 모시고 가는 일은 단심이의 몫이었다. 다리가 불편한 할머니는 방에서 누워만 지내셨고, 엄마는 이제 걸음마 뗀 동생을 두고 지난해 돌아가셨다. 단심이가 고작 열 살 때였다.

눈물이 마르기도 전에 단심이는 먹고살기 위해 일을 해야 했다. 다행히 엄마가 품을 팔던 김 참판 댁에서 불러 준 덕분에 허드렛일이라도 할 수 있었다. 하루를 꼬박 일해야 다음 날 네 식구가 먹을 보리쌀을 얻을 수 있었다.

단심이가 하루라도 일을 하지 않으면 다음 날에는 풀뿌리 죽을 먹어야 했다. 배고프다고 보채는 동생을 달래기도 힘들었지만 그보다 참판 댁 일자리를 잃을까 걱정이었다. 참판 댁 일을 봐주는 청지기 아저씨는 하루 빠질 거면 다음 날부터 나오지 말라고 으름장을 놓곤 했다.

'아, 이럴 때는 나 대신 누군가 아버지를 모시고 가 주면 좋을 텐데……'

단심이는 그런 생각을 하면서 길을 나섰다.

집에서 궐까지는 꼬박 반나절이 걸리는 거리였다. 길이라도 평탄했으면 아버지 혼자 오갈 수 있었을 것이다. 그러나 궐에 가려면 재를 두 번이나 넘어야 했고 아슬아슬한 개울 옆 외길도 지나야 했다. 또 갈림길은 어찌나 많은지 아버지를 모시고 처음 명통시에 가는 날에는 눈이 잘 보이는 단심이도 길을 헤맸다. 사람들에게 물어물어 겨우 도착할 수 있었다.

더군다나 이 길은 위험했다. 위급한 전갈을 가지고 궐로 가는 파발(조선의 통신 제도로 말을 타고 전하는 기발과 사람이 발로 뛰어 전하는 보발이 있음)이 오가는 길이었다. 커다란 말이 무서운 속도로 달려오면 단심이는 가슴이 철렁했다. 좁은 길에서 마주치면 더 큰일이었다. 말을 피해 길가 숲으로 냉큼 뛰어야 했다. 한번은 지체 높은 양반가의 말과 파발을 동시에 맞닥뜨려 혼쭐이 났다.

그런 일을 겪고 나니 더더욱 아버지를 혼자 보낼 수 없었다. 그렇다고 매번 이렇게 아버지를 모시고 다니자니 일자리를 잃을까 봐 걱정이었다. 이런저런 생각에 단심이의 발걸음이 더 뎌졌다.

이제 겨우 재를 하나 넘었을 뿐인데 땀이 비 오듯 흘렀다. 단심이의 마음속 걱정이 불평으로 바뀌어 튀어나왔다.

"날씨는 왜 이렇게 더운 거야. 목도 마르고, 일은 또 어쩐 담……."

"단심아, 힘들지? 아비가 못나 자식만 고생시키는구나."

단심이는 아버지에게 미안한 마음이 들어 얼굴이 화끈거렸다. 그때였다. 멀리서 땅이 울리는 소리가 들렸다.

다가닥다가닥!

분명 파발 소리였다. 말발굽 소리는 점점 가까워졌다. 단심이와 아버지는 개울 위 좁은 다리 중간에 서 있었다. 피해야 하는데 도무지 피할 곳이 없었다. 가슴이 방망이질하듯 뛰기 시작했다. 물로 뛰어들까 생각했지만 명통시에 가서 임금님 앞에 설 아버지의 옷이 젖으면 무척 곤란했다.

애타게 이리저리 두리번거리던 단심이의 눈에 다리 앞의 너른 공터가 보였다. 조금만 달리면 그곳에 다다를 수 있을 것 같았다. 발이 빠른 단심이에게는 식은 죽 먹기였다.

단심이는 아버지의 지팡이를 잡고 뛰기 시작했다.

"아버지, 조금만 가면 넓은 공터가 나오니까 지팡이 단단히

잡으…….”

 단심이가 뒤를 돌아본 순간 바닥에 나동그라진 아버지가 보였다. 너무 급히 달린 나머지 아버지가 그대로 고꾸라져 버렸다. 놀란 단심이가 재빨리 아버지 곁으로 내달렸다. 잠깐 사이 파발은 점점 가까워졌다.

 단심이는 얼른 쓰러진 아버지를 일으켜 세웠다. 이제 파발은 정말 코앞까지 다다랐다. 말 위에 올라탄 포졸이 소리치는 게 보일 정도였다. 하지만 말발굽 소리에 묻혀 말소리가 전혀 들리지 않았다.

 '제발, 제발…….'

 단심이는 아버지가 독경을 외우듯 속으로 주문을 외웠다. 소리만 들을 수 있을 뿐 앞을 전혀 볼 수 없는 아버지는 손을 달달 떨었다. 더는 지체할 수 없었다.

 "아악!"

 단심이의 외마디 비명 위로 매서운 말발굽 소리가 요란스레 겹쳐졌다.

 사방이 잠잠해졌다. 단심이는 꼭 감았던 눈을 떴다. 말이 지나간 자리에는 흙먼지가 자욱했다. 개울로 몸을 던진 단심이와 아버지는 쫄딱 젖고 말았다.

 "단심아! 단심아, 다친 데는 없느냐?"

"아버지는요? 아버지 옷이 다 젖어서 어째요."

두 사람은 더 말을 잇지 못했다. 부녀는 서로 부둥켜안고 소리 죽여 눈물을 흘렸다. 단심이는 앞 못 보는 아버지를 위해 알아서 척척 길을 안내해 주는 말 한 마리가 있었으면 좋겠다고 생각했다. 아버지 역시 눈을 감고도 혼자 궁궐까지 갈 방법이 생기기를 바랐다. 두 사람은 서로의 젖은 옷을 대충 털어 주고, 다시 길을 나섰다.

미래 기술을 찾아 줘!

단심이의 아버지는 앞이 보이지 않습니다. 혼자 먼 길을 가거나 새로운 장소를 찾아가는 일은 엄두도 낼 수 없죠. 단심이가 매번 아버지를 모시고 다니기도 어렵습니다. 단심이와 아버지에게 꼭 필요한 기술을 찾아 주세요. 첫 미션, 행운을 빌어요!

너무 실감 난다. 우리가 지금 뭘 본 거지?

가상 현실 같았어. 흠딱 젖은 단심이랑 아버지가 너무 불쌍해…….

스스로 운전하는 자동차, 자율 주행 기술로 만들어요

자율 주행 자동차를 소개합니다

▶ 누구나 자율 주행차의 운전자가 될 수 있어! ◀

　단심이 아버지처럼 앞을 보지 못하는 사람도 운전을 할 수 있는 시대가 곧 올 거야. 어떻게 가능하냐고? 바로 자율 주행차가 있기 때문이지. 자율 주행차는 운전자가 조작하지 않아도 안전하게 목적지까지 데려다주는 자동차야. 자율 주행차를 타면 단심이의 도움 없이도 아버지 혼자서 명통시에 갈 수 있는 거지.

　자율 주행차를 타는 것이 일상이 된다면 자동차 안의 모습도 많이 바뀔 거야. 아빠가 자동차를 운전해 회사에 가고 있다고 생각해 볼까? 지금은 운전하느라 다른 일을 할 수 없어. 하지만 자율 주행차를 타고 간다면 아빠는 핸들을 잡지 않아도 돼. 왜냐고? 자율 주행차가 알아서 회사까지 데려다주거든. 그 시간에 아빠는 부족한 잠을 더 자거나, 책을 읽을 수도 있어. 심지어 다른 사람들과 화상 회의도 할 수 있지.

▶ 자율 주행차는 어떻게 움직일까? ◀

아빠가 운전하는 모습을 한번 살펴봐. 운전대를 잡은 아빠는 한시도 눈을 떼지 않아. 앞을 보면서 교통 신호를 확인하고 앞차와의 간격을 살피지. 백미러와 사이드미러로 뒤차와 옆 차도 수시로 살펴야 해. 아빠의 눈은 한시도 쉴 틈이 없어.

자율 주행차에 운전자의 눈 역할을 대신하는 것이 있어. 바로 '센서'야. 센서는 운전할 때 필요한 정보를 수집해. 보통 자율 주행차 한 대에는 1,000개가 넘는 센서가 들어가. 수많은 센서 중 대표적인 것은 카메라, 레이더, 라이다가 있어.

카메라는 신호등, 표지판, 보행자를 촬영하고 정보를 수집해. 레이더는 자동차의 앞뒤에 설치하는데, 주변 사물의 위치나 이동 속도를 알려 주지. 마지막으로 라이다는 자동차 위에 설치해. 라이다는 파장이 다른 레이저를 쏘아 보내고, 레이저가 물체에 맞고 돌아오는 시간을 재. 그

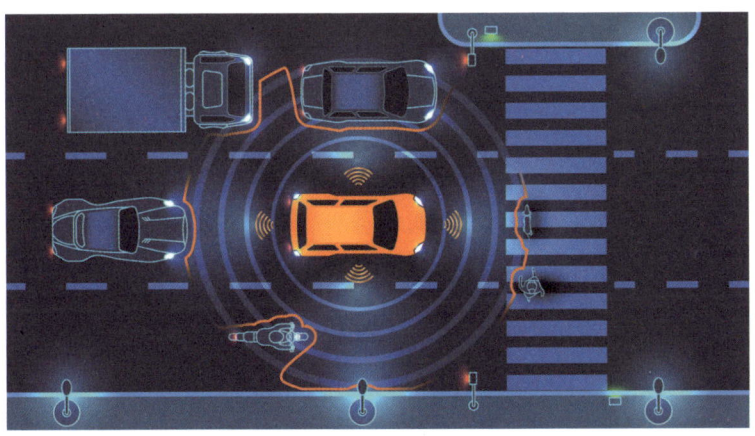

센서를 통해 정보를 수집하는 자율 주행차

렇게 해서 물체와 차 사이의 거리, 방향, 속도, 온도 등의 정보를 알아내지. 또 라이다는 거리뿐만 아니라 높낮이에 대한 정보까지 알아낼 수 있어. 도로를 3차원의 지도로 만들어 주는 거야. 이 지도 덕분에 자율 주행차가 안전하게 움직이지. 이렇게 특징이 다른 카메라, 레이더, 라이다가 서로 제 역할을 해 주어서 자율 주행 자동차가 움직일 수 있어.

자동차는 센서가 모은 정보로 어떻게 움직일지 스스로 결정해. 이때 아빠의 머릿속 두뇌의 역할을 하는 게 컴퓨터야. 인공 지능에 대해 들어 봤지? 인공 지능은 현재 상황에서 속도를 줄일지, 다음 신호에 갈지, 장애물을 피할지 결정해. 이렇게 인공 지능의 판단에 따라 자동차가 움직이는 거야.

▶ 완전 자율 주행 시대를 책임질 두 가지 기술 ◀

사람이 없어도 자동차 스스로 다닐 수 있는 완전 자율 주행 시대가 오려면 특별한 기술이 두 가지 더 필요해. '차세대 지능형 교통 시스템'과 '차량 사물 통신(V2X)'이야.

먼저 차세대 지능형 교통 시스템이 어떤 역할을 하는지 알려 줄게. 도로 위에서 사고가 났다고 생각해 볼까? 우선 사고가 난 곳을 지나가는 자동차들이 교통관제센터에 사고가 났다고 알려 줄 거야. 그러면 교통관제센터는 이 정보를 다른 자동차에 전달해. 정보를 받은 자율 주행 차들은 사고가 난 곳을 피해 가거나, 알아서 구급차를 보내 주는 거야. 이것을 차세대 지능형 교통 시스템이라고 해.

서로 소통하는 자동차들

　차량 사물 통신은 자동차가 실시간으로 신호등이나 감시 카메라, 도로 위의 다른 자동차들과 정보를 주고받는 것을 말해. 일종의 사물 인터넷(인터넷을 기반으로 모든 사물을 연결하여 정보를 주고받는 지능형 기술)이야. 하지만 자동차는 안전과 바로 연결되어 있기 때문에 따로 떼어 차량 사물 통신이라고 불러.

자율 주행차의 여섯 단계

　미국 자동차 기술학회(SAE)는 자율 주행차의 발달 수준을 여섯 단계로 구분했어.
　우선 '레벨0' 단계는 우리가 타고 다니는 일반 자동차야. 사람이 직접 조작하여 운전하는 차로, 자율 주행 기술이 전혀 없어.

'레벨1'은 약간의 자율 주행 기술이 들어간 자동차야. 예를 들어 차선을 벗어났을 때 알려 주거나 위급한 상황에서 자동으로 브레이크를 잡아 주지. 속도를 알아서 조절하는 기능이 있는 자동차들이 여기에 속해.

'레벨2'는 두 가지 이상의 레벨1 기술이 동시에 작동하는 자동차야. 사람이 운전하지 않아도 앞차와 간격을 유지하고, 속도와 방향을 스스로 조절하지. 하지만 레벨2 자동차 역시 운전자가 반드시 핸들을 잡고, 자동차를 어느 정도 조작해야 해.

'레벨3' 자동차에는 가장 큰 차이점이 있어. 바로 운전자가 핸들에서 손을 떼어도 자동차 스스로 운행할 수 있다는 점이야. 레벨3의 자율 주행차는 고속도로에서 앞차를 추월하고, 스스로 장애물을 피하기도 해. 하지만 돌발 상황에서는 운전자에게 상황을 알려 주기만 할 뿐, 스스로 대처하지 못해. 그래서 사람이 꼭 자동차에 타고 있어야 해.

반면 '레벨4' 단계의 자율 주행차는 갑작스러운 상황도 알아서 대처할 수 있어. 사람은 목적지와 이동 경로만 입력하면 돼.

마지막인 '레벨5'는 사람이 타지 않아도 움직이는 '완전 자율 주행차'야. 집에 있는 자동차를 내가 있는 곳까지 불러서 타고 갈 수도 있지. 레벨5 자동차는 운전하는 사람 없이도 목적지까지 움직이고, 주차해. 모든 일을 자동으로 하는 거야.

지금 우리가 타고 다니는 자동차는 레벨2 수준이야. 우리나라의 한 자동차 회사는 2023년 레벨3의 자율 주행차를 내놓겠다고 발표했고, 수많은 회사에서 자율 주행 기술을 개발하고 있어. 그러니 완전 자율 주행차의 시대가 곧 열릴 거라 기대해도 좋아.

자율 주행 자동차는 완벽할까?

자율 주행차 사고는 누구 책임일까?

자율 주행차의 안전 문제는 아직 해결해야 할 과제야. 사고를 줄여 줄 거라 믿었던 자율 주행차가 고장 나는 사고가 생기고 있거든. 이런 사고를 다룰 법과 제도도 아직 부족해.

2018년에 미국 우버의 자율 주행 자동차가 낸 사고를 살펴볼게. 시범 운행을 위해 자율 주행 모드로 달리던 자동차가 사람을 치는 사고를 냈어. 차에 타고 있던 우버 소속 담당자가 한눈을 판 사이에 일어난 일이야. 이 사고로 차에 치인 보행자는 사망했어. 교통사고를 줄이려고 만든 자율 주행차가 사고를 낸 것도 충격이었는데, 자동차에 타고 있던 담당자는 '자신이 운전하지 않았기 때문에 책임이 없다'고 했어.

안타깝지만 아직 이런 사고에서 책임이 누구에게 있는지 명확하게 정해지지 않았어. 일단 이 사건에서는 운전에 주의를 기울이지 않은 책임으로 담당자가 벌을 받았어.

자율 주행차 사고의 책임은 과연 자동차를 만든 회사가 져야 할까, 운전자가 져야 할까? 현재까지는 레벨2 자율 주행차가 일으킨 사고에서 운전자의 책임이 크다는 것이 많은 사람의 의견이야. 하지만 앞으로 자율 주행 기술이 발전하면 이 기준도 달라질 거야.

▶ 자율 주행차를 공격하는 해커 ◀

　2015년 미국 세인트루이스 고속도로를 달리던 자율 주행차 한 대가 갑자기 제멋대로 움직이기 시작했어. 시속 130킬로미터로 달리고 있었는데 무슨 이유에선지 속도가 점점 줄어들었지. 당황한 운전자가 가속 페달을 밟았지만 소용없었어. 또 느닷없이 에어컨이 켜지고, 라디오 채널이 마구 바뀌기도 했어. 심지어 자동차 와이퍼까지 움직여 앞이 보이지 않을 정도였어.

　도대체 무슨 일이 생긴 거냐고? 모두 해커의 짓이었어. 사실은 자율 주행차를 해킹할 수 있는지 알아보는 실험이었지. 그런데 백이면 백 해킹을 당했어. 16킬로미터 떨어진 거리에 있는 해커 두 명이 자동차의 핸들을 이리저리 움직이기도 했대. 실험에 참가한 운전자는 실험이란 걸 알았는데도 너무 무서웠다고 해. 만약 운전자가 타지 않은 완전 자율 주행차들이 거리를 오가는 상황에서 이런 해킹이 일어나면 어떻게 될까? 생각만 해도 끔찍해.

　이런 일을 막기 위해 자동차의 보안을 더 철저히 하려고 노력 중이야. 일본의 한 라디오 채널은 빈 주파수에 내비게이션 지도 정보를 보내서 자율 주행차를 돕고 있어. 라디오 주파수는 해킹하기 힘들고, 자율 주행 통신이 해킹당했을 때 빠르게 복구할 수 있도록 도와준대. 모든 사람이 이용하는 공공 주파수라서 사용료가 없다는 것도 장점이야.

자율 주행 자동차의 미래는?

▶ 언제쯤 완전 자율 주행차를 탈 수 있을까? ◀

　세계 여러 나라는 완전 자율 주행차를 개발하기 위해 보이지 않는 기술 전쟁을 벌이고 있어. 자율 주행차를 만드는 회사인 테슬라는 레벨5의 완전 자율 주행 기술을 완성하는 것뿐만 아니라 자율 주행 기능이 있는 휴머노이드 로봇까지 개발하겠다고 나섰어. 2022년에는 미국과 중국에서 안전 요원이 타지 않은 완전 무인 자율 주행 택시(로보택시)가 운행을 시작했어.

　우리나라에도 자율 주행 택시가 있다는 사실을 알고 있니? 2022년 2월부터 일정 노선을 오가는 자율 주행 택시가 서울 상암동에 생겼어.

핸드폰으로 자율 주행 택시를 부르는 모습

이 택시에는 혹시 모를 사고에 대비해 안전 관리자가 타고 있지. 같은 해 6월에는 '로보라이드'라는 무인 택시가 체험단을 태우고 처음 달렸어. 일반 사람도 이용할 수 있도록 점차 서비스를 늘릴 계획이래.

 미래 기술 더 생각해 보기

자율 주행 자동차를 운전하려면 면허증이 필요할까?

완전 자율 주행이 가능한 시대가 됐다고 생각해 보자. 사람이 운전대를 잡지 않아도 자동차가 알아서 움직일 거야. 그럼 꼭 사람이 운전면허를 따야 할까? 아니면 운전을 하는 자율 주행차가 따야 할까? 전문가들은 자율 주행 시대에 운전자는 자율 주행차의 기능이나 긴급한 상황에 대처하는 방법만 배우면 된다고 해.

지금도 곳곳에서 시범적으로 자율 주행차들이 달리고 있어. 이 자동차들이 도로를 달리려면 '자율 주행 임시 운행 면허'란 것을 꼭 받아야 해. '자율 주행 임시 운행 면허'란 국토교통부가 연구 목적으로 운행하는 자율 주행차에 임시로 발급하는 면허야.

이 허가를 받으려면 반드시 고장 감지와 경고 장치, 자율 주행 기능 해제 장치 등 자율 주행차의 위험 요소를 예방하는 기능이 있어야 해. 또한 자율 주행차임을 알리는 표시를 해야 하고, 시범 운행을 하면서 얻은 정보를 국토교통부 장관에게 보고해야 해. 이렇게 모은 정보는 나중에 자율 주행차 면허 시험 문제에 쓸 수 있어.

미션 2
지진 현장에서 안전하게 사람을 구하라

쿠우우, 구, 구!

난생처음 듣는 메아리였다. 하늘이 우는 듯도 했고, 땅이 울리는 듯도 했다. 산이는 고개를 빼고 소리가 난 쪽을 바라보았다. 놀란 때까치들이 푸득푸득 날아올랐다.

저 너머는, 저 너머는 분명 산이네 마을이었다. 산이의 가슴이 두방망이질했다.

'집, 집에 가야 해.'

산이는 단숨에 언덕을 뛰어올랐다. 산마루에서 내려다보니 저 멀리 마을이 눈에 들어왔다. 장터로 갈 때 마지막으로 본 마을과는 달랐다. 여기저기 집들이 쓰러져 있었다. 담장은 와르르 무너져 버렸고 마을에서 가장 큰 기와집도 폭삭 주저앉아 있었다. 한쪽에서는 연기가 피어올랐다. 마치 거인이 짓밟은 듯 쑥대밭이었다. 산이의 다리가 달달 떨렸다.

무슨 정신으로 산을 내려왔는지도 몰랐다. 산이는 곧장 마을로 향했다. 길 곳곳이 엉망이었다. 흙더미를 넘고, 뿌리째 쓰러진 나무를 피했다. 마을이 가까워질수록 울부짖음이 또렷이 들려왔다. 눈앞에 처참한 광경이 하나둘 드러났다. 무너진 지붕에 절반쯤 깔린 사람이 보였다. 땅을 내리치며 통곡하는 아낙 옆에는 서로 부둥켜안은 아이와 노인이 있었다. 사람들은 어쩔 줄 모르고 우왕좌왕했다.

산이는 난리 통을 피해 집 쪽으로 쉬지 않고 뛰었다. 때마침 맞은편에서 달려오는 어머니가 보였다.

"산아! 너는 무사한 게냐?"

"헉헉. 이게 다 무슨 난리예요?"

"지진이다. 지진! 집이 요동치다 쓰러졌어. 이럴 때가 아니야. 어서 아버지께 가 보자."

'지진'이란 말을 하는 어머니의 입술이 파르르 떨렸다. 산이도 지진에 대해 들은 적이 있었다. 어머니가 어릴 적 마을에 지진이 나 땅이 갈라지고, 산이 끊어졌다고 했다. 그때 끊어진 산은 절벽이 되었고, 지금까지도 그 절벽에서는 돌 부스러기가 우수수 떨어지곤 했다. 자라면서 다른 고을에 일어난 지진 이야기도 들었지만, 그 모습을 직접 눈으로 본 것은 오늘이 처음이었다.

산이는 어머니와 북쪽 산기슭에 있는 성곽을 향해 달렸다. 산이 아버지는 석공이었다. 성곽 보수 공사가 있어 몇 달째 그곳에서 일을 하고 있었다. 성곽으로 가는 중에도 땅이 작게 흔들렸다. 처음에는 달리느라 눈치채지 못했지만 땅이 두 번째로 흔들릴 때 머리 위에서 낙엽이 우수수 쏟아졌다.

"어머니, 땅이 흔들리는 거 맞죠?"

"조심하거라. 여진이다. 지진은 한 번만 오는 게 아니야. 뒤따르는 여진을 조심해야 한다."

땅이 흔들린다고 생각하니 산이의 등줄기가 서늘해졌다. 두려움이 커질수록 아버지 걱정에 마음이 더 조급해졌다.

드디어 성곽에 다다랐다. 분명 가지런히 돌로 쌓은 성곽이 있어야 할 자리인데 성벽은 온데간데없고 돌무더기뿐이었다. 집채만 한 돌덩이가 나뒹굴었다.

산이의 눈이 휘둥그레졌다. 지진이 이토록 무서운 재난이라는 것이 이제야 실감이 났다.

살려 달라는 아우성이 귓가에 쟁쟁 울렸다. 포졸 서너 명이 오가며 들것으로 사람을 실어 나르고 있었다. 살아남은 사람

은 목을 놓아 울거나 반쯤 넋이 나가 있었다. 눈으로 보고도 믿기지 않았다. 생지옥이 따로 없었다. 서둘러 아버지를 찾아야 했다. 행여 살아 있는 사람 중에 섞여 있을까 봐 한 명 한 명 얼굴을 확인했지만 아버지는 없었다.

"사람 살려! 여, 여기 사람이 돌에 깔렸소."

바로 옆에서 누군가 소리를 질렀다. 돌 밑에 엎어진 채 다리가 끼인 사람이 악을 쓰고 있었다. 차림새가 아버지와 비슷해 혹시나 하는 마음으로 산이가 달려들었다. 사내의 얼굴을 확인하고 산이는 가슴을 쓸어내렸다. 아버지가 아니었다. 하지만 왠지 낯이 익었다. 그 순간, 사내의 손이 산이의 발목을 덥석 붙잡았다.

"얘야, 날 좀 도와다오."

간절한 눈빛을 외면할 수는 없었다. 산이가 힘껏 돌을 밀었지만 꿈쩍하지 않았다. 눈을 질끈 감고 젖 먹던 힘까지 끌어모았다. 그때 미동도 없던 돌이 살짝 움직였다. 돌아보니 어머니와 다른 사람 여럿이 힘을 보태고 있었다. 여러 사람의 힘으로 돌이 들썩이더니 드디어 옆으로 비켜났다. 그 틈에 사람들이 사내를 빼냈다.

그 사내는 아버지와 같이 일하는 최 석공 어르신이었다. 어르신은 아버지와 성벽 위에서 일하다 잠시 자리를 비운 사이

지진이 났다고 했다. 그리고 아버지가 미처 몸을 피하지 못했을 거라며 눈물을 훔쳤다.

"저쪽이다. 필시 저 안에 있을 것이야. 같이 나왔어야 했는데……."

어르신의 손끝이 돌무더기를 가리켰다. 산이와 어머니는 어르신이 가리킨 쪽으로 달려갔다. 가까이 가 보니 포졸들이 쌓인 돌을 하나씩 치우고 있었다. 하지만 돌을 하나 치울 때마다 다른 쪽 돌이 무너졌다. 돌 틈에서는 비명 소리가 들려왔다.

산이는 속이 바짝바짝 타들어 갔다. 냅다 달려 울퉁불퉁 솟은 돌무더기를 헤치고 들어가려 했지만 포졸이 앞을 막아섰다. 산이는 사정했다.

"저희 아버지가 아랫골 강찬수 석공입니다. 아버지가 안에 있습니다. 들어가게 해 주세요."

"네 정녕 죽으러 가고 싶은 게냐? 너 같은 어린애가 섣불리 들어갔다가는 목숨을 부지하지 못할 것이다. 여진도 계속되고 있는 판국에……."

포졸은 매몰찼다. 어머니가 매달려도 마찬가지였다. 그때 다급한 목소리가 들렸다.

"움, 움직인다! 여기 돌 틈에 산 사람이 있어."

"아, 틈이 너무 좁잖아. 누구라도 와서 좀 도와주시오!"

사람들이 그곳으로 몰려들었다. 산이도 포졸 사이를 헤치고 맨 앞으로 나갔다. 고개를 길게 빼고 안을 보니 겹겹이 쌓인 돌 틈에서 피 묻은 손이 꿈틀거리는 것이 보였다. 손 옆에는 아버지가 쓰던 것과 같은 정이 놓여 있었다. 그것을 본 순간 산이는 피가 거꾸로 솟았다.

"아버지!"

눈물, 콧물 범벅이 된 얼굴로 산이가 돌 틈에 손을 깊이 넣었다. 손이 닿질 않았다. 산이가 몸을 더 낮춰 틈으로 들어가려는 순간 땅이 다시 흔들렸다. 도우러 왔던 사람들이 한 걸음씩 뒤로 물러났다. 오직 산이와 어머니만이 돌무더기 앞에서 어찌할 바를 몰랐다.

"하늘님, 제발 아버지를 구할 방도를 알려 주세요."

산이와 어머니는 서로를 끌어안았다.

저 시대엔 사람을 구하려면 목숨을 걸어야 했을 거야. 지진이 난 곳도 언제 무너질지 모르는 상태였겠지.

미래 기술이라면 충분히 할 수 있지.

자동차 로봇 만화에서는 로봇이 건물에 갇힌 사람을 구해 줬었는데……. 만화라 가능한 일이겠지?

맞아. 산이네 마을에 가장 필요한 건 어떤 일을 스스로 판단하고 자동으로 수행해 주는 기계, 로봇이야. 사람이 하기 어렵거나 귀찮은 일을 대신해 주거든.

재난 로봇 사용 설명서

위험한 사고 현장에서
사람 대신 활약해요!

재난 로봇을 소개합니다

재난 로봇이 뭐야?

공장에서 기계를 조립하는 로봇, 병원에서 의사 대신 수술하는 로봇, 레스토랑에서 음식을 나르는 로봇, 집을 청소해 주는 로봇 청소기……. 이미 다양한 곳에서 로봇이 활동하고 있어.

세상에서 로봇이 가장 필요한 곳은 어디일까? 과학자들은 위험한 재난 현장에 로봇이 가장 필요하다고 해. 지진이 일어난 산이네 마을 같은 곳 말이야. 만약 이런 사고 현장에 다친 사람을 구하러 사람이 들어가면 어떻게 될까? 자칫하면 구하러 들어간 사람의 목숨까지 위태로워질 수 있어. 그래서 포졸들이 무너진 돌무더기 사이로 들어가려는 산이를 막은 거야. 이런 위험한 곳에 사람 대신 재난 로봇이 가서 다친 사람을 구하고, 사고 현장을 복구하면 사람이 더 다치지 않을 거야.

지진뿐만 아니라 화산 폭발, 태풍, 폭설과 같은 자연재해, 원자력 발전소나 화학 공장에서 일어난 폭발 사고, 유독 가스가 가득한 화재 현장, 건물이 무너진 재난 현장에도 로봇이 필요해. 재난 로봇의 필요성이 더 커지다 보니 세계 여러 나라는 앞다퉈 재난 로봇을 개발하고 있지.

▶ 재난 로봇마다 재주가 달라 ◀

재난 로봇이 하는 일은 다양해. 한 가지 일을 잘하는 로봇 여럿이 힘을 합쳐 재난 현장에서 일하고 있지. 하는 일에 따라 재난 상황을 미리 대비하는 로봇, 사람이 들어가기 위험한 곳이나 좁은 공간을 살피는 로봇, 재난 현장을 복구하는 로봇, 사람을 구조하는 로봇, 화재를 진압하는 로봇 등으로 분류할 수 있어.

어디서 어떤 사고가 나는지 살펴보고 재난을 미리 막는 로봇은 경비 로봇이나 정찰 로봇이라고 불러. 곳곳을 돌아다니면서 상황을 파악하지. 미국과 스웨덴에서는 벌써 자율 주행 기술로 주변을 스스로 정찰하는 로봇이 활동하고 있어. 스위스에서는 무리 지어 날아다니며 넓은 지역을 살피는 드론 로봇도 개발되었지.

본래 전쟁용으로 개발된 기술로 만든 재난 로봇은 사고 현장을 살피

드론 로봇을 조종하는 소방관

폭탄 테러를 막는 폭탄 해체 로봇

고, 사람을 구조해. 지금 산이네 마을에 딱 필요한 로봇이지. 가장 잘 알려진 건 뱀 로봇이야. 뱀처럼 유연한 움직임으로 비좁은 공간도 들어갈 수 있지. 무너진 건물 속에 들어가 사람이 있는지 탐색하는 거야. 그러면 제때에 생명을 살릴 수 있어.

구조 지원 로봇은 재난으로 부서진 시설물을 복구하거나 치워 줘. 이 로봇은 원격 조종으로 움직여. 그렇기 때문에 사람이 다칠 염려가 전혀 없어. 또한 어떤 충격에도 고장 나지 않도록 튼튼하게 만들어졌단다.

이 밖에도 소방관 대신 뜨거운 불길을 진압하는 소방 로봇도 있어. 뜨거운 열기도 견디고, 험난한 길도 척척 다닐 수 있게 만들어졌어.

재난 로봇은 완벽할까?

▶ 완벽한 재난 로봇은 아직 개발 중! ◀

전 세계가 재난 로봇의 필요성을 절실히 깨달은 사건이 있었어. 바로 2011년 발생한 일본 후쿠시마 원자력 발전소 사고야. 큰 지진과 쓰나미가 몰려와 원전의 전기가 끊기면서 원전 시설이 폭발해 버렸어. 이 사고로 어마어마한 양의 방사성 물질이 밖으로 나왔어. 도저히 사람이 들어갈 수가 없을 정도였어.

사람들은 재난 로봇이 사고 현장을 척척 복구해 낼 거라 기대했어. 하지만 현실은 정반대였어. 폭발 현장의 지면이 너무 울퉁불퉁해서 로

로보독 '스팟'

위험한 화재 현장에 침투하는 로봇

봇들이 제대로 움직일 수가 없었거든. 게다가 방사선 수치가 지나치게 높아서 현장에 들어갔던 로봇들이 고장 나 버렸어. 통신이 끊기거나, 아예 작동을 멈춘 거야. 결국 사람이 목숨을 걸고 들어가 현장을 복구해야 했어. 이 일로 로봇 공학자들은 재난 현장에서 슈퍼맨처럼 활약할 수 있는 '진짜 재난 로봇'을 만들기 위해 더 노력하기 시작했어.

그러나 아직까지 재난 로봇이 직접 사람을 구조한 사례는 드물어. 2019년 프랑스 노트르담 대성당 화재 때는 '콜로서스'라는 인공 지능 소방 로봇이 출동했어. 붕괴 위험이 있는 건물에 들어가 물을 뿌렸지. 미국에서는 '스팟'이라는 개의 모습을 닮은 인공 지능 로봇도 활동하고 있어. 주로 불이 어디에서 났는지 살피고 유독 가스를 측정해. 우리나라에서는 세월호가 침몰했을 때 재난 로봇 '크랩스터'가 활약했어. 하지만 직접 사람을 구한 게 아니라 초음파 카메라로 세월호의 모습을 촬영하는 일을 했을 뿐이야.

세계 재난 로봇들의 올림픽, 다르파 챌린지

후쿠시마 원전 사고에서 재난 로봇이 제 역할을 못하자 미국 국방고등연구계획국(DARPA, 다르파)이 나섰어. '다르파 로보틱스 챌린지', 즉 '세계 재난로봇 경진대회'를 열기로 한 거야. 재난 현장에서 활약하는 재난 로봇을 만든 팀에게 상금 200만 달러(약 26억)을 주기로 했어. 개인이든 단체든 로봇을 개발한다면 누구라도 참여할 수 있었어. 그런데 대회 방식이 좀 독특했어.

참가 로봇은 원전 사고 현장에서 일어날 수 있는 미션을 해결해야 했어. 첫 미션은 로봇이 차를 운전해서 재난 지역까지 가는 것이야. 그런 뒤 차에서 내려 문까지 걸어간 다음, 문을 열고 안으로 들어가 고장 난 밸브를 잠가야 했지. 그다음엔 드릴을 이용해 벽에 구멍을 뚫어야 했어.

또 다른 미션은 돌발 상황을 해결하는 것이었어. 어떤 일이 발생할지 모르는 재난 상황에서의 대처 능력을 시험하기 위한 깜짝 미션이었지. 모든 장애물을 다 치우고 마지막으로 계단을 올라 탈출하면 모든 챌린지가 끝나. 이 과정을 한 시간 안에 마쳐야 해서 많은 사람은 불가능하다고 생각했어.

결과가 어땠을까? 2012년에 첫 대회가 열렸고, 미국, 일본, 중국 등 7개국 25팀이 개발한 재난 로봇이 출전했어. 우리나라에서도 세 팀이나 출전했지. 예선전은 무려 3년 동안 이어졌고, 결선 대회는 2015년에야 열렸어. 그리고 우리나라의 'DCR-휴보'라는 로봇이 당당히 우승을 차지했어!

재난 로봇의 미래는?

⪢ 사람을 닮은 '휴머노이드'가 필요해 ⪡

다르파 로보틱스 챌린지에 출전한 로봇은 대부분 '휴머노이드'였어. '휴머노이드'란 말은 '인간(Human)'에 '~와 같은(oid)'이라는 단어를 합쳐 만든 말이야. '외모가 인간처럼 생겼다.'란 의미지. 어떤 로봇이든 사람처럼 두 팔, 두 다리가 있으면 휴머노이드 로봇이라고 할 수 있어.

그렇다면 왜 로봇 공학자들은 로봇을 사람처럼 만들었을까? 힌트는 미션에 있어. 운전이나 벽 뚫기, 사다리 오르기 등은 사람의 모습을 닮아야 가장 잘할 수 있는 일이야. 참가자들은 휴머노이드가 구조 활동에 더 적합하다고 생각했고, 이 생각은 정확히 맞아떨어졌어.

앞으로 휴머노이드 로봇의 필요성은 점점 더 커질 거야. 로봇은 결국 사람이 사는 공간에서 활동하게 될 테니까 말이야. 계단을 오를 때 바퀴보단 다리가 더 편하고, 문을 열거나 청소할 때는 손이 있으면 훨씬 쉬울 거야. 집 안에서 생활하려면 키나 체형도 사람과 비슷해야겠지. 로봇 때문에 집을 다 뜯어고칠 수는 없잖아.

다른 이유도 있어. 병원에서 환자를 돕고, 집안일을 대신해 주고, 아이를 가르치는 로봇이 무섭게 생기면 어떨까? 아마 모두 도망갈 거야. 사람처럼 친근한 휴머노이드가 만들어진 이유가 바로 이 때문이야.

휴머노이드 로봇은 어떤 게 있을까

인간 모습을 한 최초의 로봇 '와봇 1'은 1973년 일본에서 개발됐어. 머리는 없고, 팔과 다리만 있지. 몇 걸음 걷고, 간단한 물건을 손으로 잡을 수는 있었지만, 스스로 생각해서 움직이진 못했어. 로봇이라기보다는 장난감에 가까웠지.

진정한 휴머노이드는 2000년 일본에서 만든 '아시모'야. 130센티미터의 키에 몸무게는 52킬로그램으로, 초등학생 아이만 해. 등에는 배터리를 메고 있는데, 마치 책가방을 가지고 학교에 가는 아이처럼 친근하게 생겼지.

우리나라는 세계에서 두 번째로 휴머노이드를 개발한 나라야. 바로 다르파 로보틱스 챌린지에서 우승한 '휴보'야. 키는 120센티미터, 몸무게는 55킬로그램으로 완전한 사람의 모습이야. 몸에는 41개의 모터가

아이를 도와주는 휴머노이드 로봇   아시모

휴머노이드와 인간의 관계는 어떻게 바뀔까?

있어서 사람처럼 걷고, 악수하고, 자연스럽게 움직일 수 있었지. 손가락 다섯 개를 자유자재로 움직여 가위바위보도 했어.

 휴보의 능력은 점점 발전해서 달리기도 하고, 음악이 나오면 춤까지 췄어. 이런 기술을 전신 제어 기술이라고 해. 휴보처럼 전신 제어 기술을 가지고 있는 로봇은 전 세계에서 아직 몇 종류밖에 없어. 그 정도로 우리나라의 로봇 기술은 세계적으로 앞서 있어. 그리고 앞으로 기술이 발전할수록 휴머노이드 로봇은 인간을 더 닮아 갈 거야.

미래 기술 더 생각해 보기

로봇이 똑똑해지면 인간을 지배하게 될까?

인간보다 뛰어난 로봇이 나타나 인간과 전쟁을 하는 영화를 본 적 있니? '로봇공학 3원칙'은 로봇이 사람보다 더 똑똑해질 것을 대비해서 만든 원칙이야. 이 원칙은 미국의 과학자이자, 500편 이상의 과학 소설을 쓴 아이작 아시모프가 만들었어.

제1원칙. 로봇은 사람에게 해를 끼쳐서는 안 되며, 위험에 처한 사람을 보면 구해야 한다.
제2원칙. 로봇은 사람의 명령에 따라야 한다. 단, 제1원칙에 어긋날 때는 예외로 한다.
제3원칙. 로봇은 자기 자신을 보호해야 한다. 단, 그것이 제1원칙과 제2원칙에 어긋날 때는 예외로 한다.

로봇공학 3원칙은 절대적인 원칙은 아니야. 하지만 로봇 공학자들은 로봇을 개발할 때 이 원칙을 도덕적인 기준으로 삼아. 우리 역시 로봇과 인간의 평화로운 공존을 위해 이 세 가지 원칙에 따라 로봇 기술을 개발해야 해. 하지만 정말 이 원칙이 필요할 만큼 로봇이 인간보다 똑똑해지는 날이 올까?

미션 3
까맣게 썩어 가는 벼를 살려라

"허, 참. 가을볕에 벼가 패야 할 때인데, 이게 또 무슨 난리인 고……."

"할아버지, 논에 무슨 일 있어요?"

하성이는 논에서 막 돌아온 할아버지에게 시원한 물 한 바가지를 건넸다. 할아버지는 하성이가 건넨 물을 벌컥 들이마시고는 이야기를 시작했다.

며칠 전 할아버지가 논을 둘러보니 벼가 거뭇거뭇하게 변해 있더랬다. 처음에는 거뭇거뭇해진 부분이 우물 하나 크기여서 할아버지는 크게 신경 쓰지 않았다고 했다. 하지만 날이 갈수록 검은 부분은 눈에 띄게 번졌다. 그제야 일이 심상치 않음을 안 할아버지가 자세히 살펴보니 벼 낱알에 곰팡이가 피고, 검게 변한 지 오래된 벼는 말라 죽은 채였다. 할아버지는 거기까지 이야기하고, 남은 물을 다시 들이켰다.

"그럼 어떻게 해요? 가만히 보고 있을 수는 없잖아요."

"흠……."

할아버지는 대답 대신 눈을 돌려 들을 바라보았다. 들에는 짙은 초록 벼가 바람에 한들거렸다. 그걸 바라보는 할아버지 얼굴에는 어두운 그림자가 드리워졌다.

하성이는 그날 오후 혼자 논으로 나갔다. 하성이네 논은 마을 초입에 있었다. 실제 논의 모습은 할아버지에게 들은 것보다 더 심각했다. 논의 절반 정도가 새까맣게 변해 있었다. 나머지 부분도 심상치 않았다. 멀쩡한 줄 알았던 이삭도 자세히 들여다보면 곳곳이 거무튀튀했다. 하성이는 가슴에 돌이 얹힌 듯 답답해졌다.

하성이는 바짓단을 대충 접어 올리고 논으로 뛰어들었다. 그리고는 허리춤에서 어머니의 반짇고리에서 가져온 가위를 꺼냈다. 하성이는 가위로 검게 변한 낱알을 일일이 잘라 내기 시작했다. 가까이서 보니 잘라 내야 할 부분이 너무 많았다.

후드득후드득. 잘린 낱알들이 논바닥에 떨어졌다. 시작한 지 얼마 되지 않았는데 땀이 비 오듯 했다.

"앗!"

잠시 한눈을 판 사이 가위에 손가락을 베고 말았다. 붉은 피가 스며 나왔지만 가위질을 멈출 수는 없었다. 이렇게 해서라도 남은 벼를 살릴 수만 있다면 하성이는 뭐든 할 수 있을 것 같았다.

5년 전에도 이런 일이 있었다. 그때는 벼멸구가 마을을 덮쳤다. 벼멸구가 벼 줄기 아랫부분의 즙을 빨아 먹는 바람에 벼가 픽픽 쓰러졌다. 쓰러진 벼는 흉하게 썩어 갔다. 결국 그해는 큰 흉년이 들었다. 마을마다 굶어 죽는 사람을 헤아릴 수 없었다. 가족을 위해 굶다시피 한 아버지도 결국 그해 겨울을 못 넘겼다. 살기 위해 산으로 도망친 사람들이 도적이 되었다는 말도 돌았다. 그때 집을 나간 돌쇠네 큰형은 아직 소식조차 없었다. 하성이 나이 일곱 살 때 일이었지만 마치 어제 일처럼 또렷했다.

벼를 잘라 낸 하성이의 노력에도 열흘이 채 안 되어 논 한 마지기가 검게 타들어 갔다. 마을 사람들은 난생처음 보는 이 병을 '검은 곰팡이병'이라고 불렀다. 썩은 부분을 잘라 내도 곰팡이는 사라지지 않았다. 곰팡이가 핀 벼를 베어 내도 마찬가지였다. 용하다는 무당을 불러 굿도 했지만 소용없었다. 까맣게 변한 논이 점점 늘어 갔다.

결국 사람들은 이 병이 하성이네 논에서부터 시작되었다며 손가락질하기 시작했다. 자기들 논에도 병이 옮을까 걱정했다. 하성이 가족이 지나갈 때마다 수군거리는 것도 모자라 집을 찾아와 살림을 부수고 난리를 피웠다. 그럴 때마다 어머니는 죄인처럼 고개를 숙일 뿐이었다.

"하성아, 일어나거라. 논에 나가야겠다."

밤새 뒤척이다 겨우 잠든 하성이는 할아버지의 목소리에 다시금 눈을 떴다. 잠에서 덜 깬 하성이가 밖에 나와 보니 하늘에는 아직 샛별이 떠 있었다. 할아버지는 한 손에 횃불을 들고 서 있었다. 영문도 모른 채 하성이는 할아버지를 따라 논으로 향했다.

할아버지는 아직 곰팡이병이 들지 않은 하성이네의 마지막 논 앞에 멈춰 섰다. 논의 벼는 다 잘려 있었다. 어리둥절한 하성이에게 할아버지는 횃불을 내밀었다.

"불을 놓거라. 어서!"

하성이는 잠이 확 달아났다.

"하, 할아버지, 왜 그래요?"

"가위로 잘라 내 보고, 뽑기도 했다. 죄다 소용이 없었어."

"그래도 이건 아니잖아요. 그럼 우린 뭘 먹고살아요?"

"아무리 생각해도 이 방법밖에 없다. 논을 태워서라도 병이 다른 논으로 번지는 걸 막아야 해. 태워서라도 꼭 막아야 해!"

할아버지의 손을 떠난 횃불이 곧 논밭으로 떨어졌다. 썩어 말라비틀어진 볏짚은 순식간에 화르르 타올랐다. 불길이 도저히 끌 수 없을 정도로 거세게 타올랐다. 하성이는 불타는 논을 보며 울부짖었다.

하성이 머릿속에도 불같이 생각이 일었다. 도대체 곰팡이병은 왜 생기는 걸까. 곰팡이병을 없앨 수는 없을까. 논을 태운다고 곰팡이병이 없어지기는 할까. 하성이는 잿더미가 되어 가는 논 앞을 떠날 수 없었다.

아하! 그럼 곰팡이병을 일으키는 유전자를 크리스퍼 가위로 싹둑! 잘라 내면 되겠구나.

맞아. 게다가 농사는 물론, 유전병 치료 등 다양한 분야에 활용할 수 있어.

아, 궁금해서 더는 못 참겠어! 빨리 미션 해결하고 크리스퍼 유전자 가위에 대해 알아볼래.

알맞은 미래 기술은?

크리스퍼 유전자 가위

정답입니다.

그렇다면 크리스퍼 유전자 가위 사용법은?

고장 난 유전자를
싹둑 잘라 고칠 수 있어요

크리스퍼 유전자 가위를 소개합니다

▶ 세상에서 가장 작은 가위, '크리스퍼 유전자 가위' ◀

하성이가 벼에 있는 검은 곰팡이를 가위로 잘라 냈지만 소용이 없었어. 이럴 땐 특별한 가위가 필요해. 세포 속에 있는 DNA를 자를 수 있을 만큼 작은 가위, 유전자 가위 말이야. 가위 모양은 아니고, DNA의 특정한 부분을 골라서 자르는 가위의 기능을 가진 효소(화학 반응을 일으키는 단백질 촉매)지.

유전자 가위는 정상적이지 않은 DNA를 들어내고, 새로운 DNA로 바꿀 수 있어. 마치 의사가 수술하는 것처럼 고장 난 DNA를 자르고 붙이는 거야. 유전자 가위가 있었다면 병을 없애기 위해 논을 불태우지 않아도 됐을 거야. 곰팡이병을 일으키는 유전자만 잘라서 바꾸면 다시는 그 병이 생기지 않을 테니 말이야.

유전자 가위에는 여러 종류가 있어. 과거에 있던 유전자 가위들은 조금씩 문제가 있었어. 원하는 부분뿐만 아니라 다른 곳까지 자르는 경우가 많았거든. 또 비용도 비싸고 유전자를 자르는 시간도 오래 걸렸지.

가장 최근에 개발된 '크리스퍼-카스9 유전자 가위'는 이전의 유전자 가위보다 훨씬 뛰어나. 쉽고, 빠르고, 정확하게 유전자를 잘라 낼 수 있거든. 비용도 훨씬 저렴해. 이런 점 때문에 2020년 노벨화학상은 크리스퍼 유전자 가위를 개발한 두 명의 여성 과학자가 받았어. 활용 분야가 무궁무진해서 크리스퍼 유전자 가위를 놀라운 발견이라고 해.

유전자와 DNA의 차이점은 뭘까?

우리는 모두 부모님을 닮았어. 엄마의 얼굴형과 쌍꺼풀, 아빠의 키와 곱슬머리까지 말이야. 이것은 엄마와 아빠의 유전 정보를 가진 정자와 난자가 만나 우리가 태어났기 때문이야. 이렇게 부모가 가진 특징을 자녀에게 물려주는 걸 '유전'이라고 해. 그리고 유전을 일으키는 최소 단위가 바로 '유전자'야.

유전자는 생명체의 모양을 결정하는 정보가 담긴 성분이야. 나와 친구가 다르게 생긴 것도 유전자 때문이지. 이 유전자는 DNA 속에 들어 있어. 따라서 DNA가 유전자보다 더 큰 물질이지. 유전 정보가 담긴 DNA는 이중 나선 구조를 띠고 있어. 마치 몇 가닥의 줄을 여러 번 겹쳐 꼬아 만든 줄처럼 생겼어.

절대 병들지 않는 벼의 탄생

　크리스퍼 유전자 가위 기술이 사용되는 대표적인 분야는 농업이야. 농작물의 유전자를 바꿔 더 크고 수확량이 많은 품종을 만들 수 있거든. 특히 병충해 관리에 효과가 좋아.

　병충해는 오래전부터 농사에 큰 피해를 줬어. 그런데 크리스퍼 유전자 가위가 골칫거리를 싹둑 잘라 낸 거야. 과학자들이 벼 속에 있는 특정 유전자를 잘라 벼 마름병에 걸리지 않는 품종을 만들어 냈거든.

　색다른 맛의 벼를 만들기도 했어. 그중 하나가 향기 나는 벼야. 밥을 지어 먹을 때 향까지 좋으면 당연히 더 맛있겠지? 그뿐만 아니라 오이 유전자 중 바이러스에 약한 부분을 없애 더 튼튼한 오이를 만들었어. 낟알이 더 많이 맺히는 옥수수도 만들었지.

　축산업도 농업만큼이나 크리스퍼 유전자 가위 기술이 활발하게 사용되는 분야야. 우리나라에서는 최초로 '슈퍼 근육 돼지'를 개발했어. 유전자 가위로 근육 성장을 막는 유전자를 없애 일반 돼지보다 근육이 두 배나 많은 돼지를 만들었지. 이 돼지는 빨리 크는 데다 단백질이 많고 지방은 적어. 그래서 경제적일 뿐 아니라 건강식품으로서도 가치가 높아. 이것 말고도 바이러스에 감염되지 않는 돼지, 알레르기 없는 달걀도 유전자 가위 기술로 만들었어.

난치병을 치료하는 미래 의료 기술

크리스퍼 유전자 가위는 의학 분야에서 미래 의료 기술로 주목받고 있어. 질병의 원인인 돌연변이 유전자를 잘라 내고 정상적인 DNA를 붙여서 병을 치료할 수 있거든.

2015년 백혈병을 앓던 한 살짜리 아기가 있었어. 태어난 지 3개월 만에 백혈병 진단을 받았지. 아이는 여러 가지 치료를 받고, 골수 이식 수술까지 받았지만 아무 소용이 없었어.

의료진은 마지막으로 건강한 사람의 '티 세포(T cell)'를 가져다가 아기의 몸속에 넣어 치료하기로 했어. 티 세포는 스스로 암을 치료하는 세포야. 하지만 다른 사람에게 이식받은 티 세포는 자칫 아기의 몸을 마구잡이로 공격할 수 있어. 이 문제를 해결한 것이 크리스퍼 유전자 가위 기술이었어. 아기의 몸에 들어간 티 세포가 비정상적인 세포만 공격하도록 유전자를 조작한 거야.

결과는 대성공이었어! 물론 유전자 가위를 이용한 치료는 아직 초기 단계야. 하지만 기술이 발전하면 비정상적인 유전자 때문에 생기는 암이나 치매, 난치병, 유전병을 치료할 수 있을 거야.

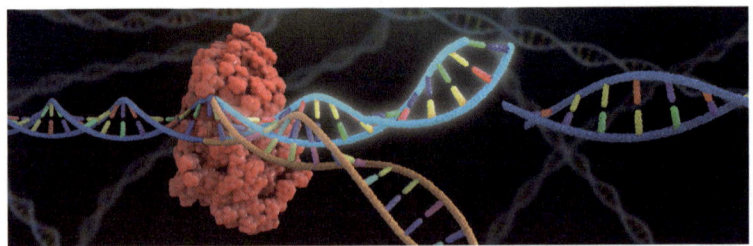

DNA를 잘라 내는 크리스퍼 유전자 가위

크리스퍼 유전자 가위는 완벽할까?

▶ 아직 100퍼센트 완벽하지는 않아 ◀

앞서 말한 슈퍼 근육 돼지를 만든 과학자들이 이번에는 슈퍼 근육을 가진 소를 만드는 실험을 했어. 마찬가지로 근육 성장을 막는 유전자를 유전자 가위로 없애 봤지. 하지만 돼지와 달리 32마리의 송아지 중 태어난 건 겨우 12마리였어. 그 12마리 중 건강하게 살아남은 건 단 한 마리뿐이었어. 나머지 11마리는 8개월 뒤에 모두 죽었어. 이 실험에서는 유전자 가위가 제대로 효과를 발휘하지 못한 거야.

이처럼 크리스퍼 유전자 가위 기술도 아직 완벽한 건 아니야. 목표로 한 유전자 대신 다른 유전자를 잘라 내거나, 유전자는 제대로 잘랐지만 잘린 유전자가 전혀 다른 방향으로 바뀌는 일이 종종 생기거든. 이런 경우 어떤 결과가 생길지는 누구도 알 수 없어. 전혀 다른 부분을 잘라서 새로운 병이 생기거나 돌연변이 생물체가 만들어질 수도 있어.

▶ 크리스퍼 농작물, 먹어도 안전할까? ◀

유전 공학 회사 셀렉틱스는 2016년부터 특별한 만찬을 열고 있어. 두부나 팬케이크, 샐러드로 차려진 식탁은 평범해 보이지만 비밀이 숨어 있어. 모두 유전자 가위 기술로 만든 식료품을 사용한 요리란 사실!

기존 토마토보다 더 큰 GMO 토마토　　　　GMO 반대 시위

　트랜스 지방을 만드는 유전자를 잘라 낸 콩, 껍질을 벗겼을 때 색이 변하는 유전자를 없앤 감자 같은 식료품은 얼마 전까지는 지구상에 전혀 없던, 완전히 새로운 식료품이야. 유전자 가위로 만든 식료품이 미래의 먹거리가 될 거라고 예상하는 사람도 있어.

　하지만 반대하는 의견도 만만치 않아. '유전자 변형 농수산물(GMO)'에 대해 들어 봤니? 어떤 작물에 다른 생물의 유전자를 결합해 새롭게 만들어 낸 농수산물을 말해. 다른 생물의 유전자를 사용한다는 점에서 유전자 가위 기술과는 달라.

　유전자 변형 농수산물은 추위나 병충해에 강하고, 수확량이 많다는 장점이 있어. 하지만 알레르기를 유발할 수 있고, 계속 먹었을 때 어떤 문제가 생길지 모른다는 단점이 있지. 이 때문에 여러 나라에서 유전자 변형 농수산물에 대한 규제를 강화하고 있어.

　크리스퍼 유전자 가위 기술로 만든 농작물 역시 세상에 없던 농작물이야. 유전자 변형 농수산물처럼 아직 발견되지 않은 위험성이 있을지도 몰라. 이런 이유로 유전자 가위 기술로 만든 음식을 반대하는 사람도 많아.

크리스퍼 유전자 가위의 미래는?

▶ 지구에서 사라진 매머드를 되살려라 ◀

크리스퍼 유전자 가위로 지구에서 사라진 동식물을 되살릴 수 있을지도 몰라. 매머드는 인간의 사냥으로 인해 약 4,000년 전 지구에서 완전히 사라졌어. 지금도 매일 30~159종의 동식물이 사라지고 있어. 그래서 과학자들은 수십 년 전부터 멸종을 막거나 멸종한 생물을 되살리려고 노력하고 있어.

그 방법 중 하나가 크리스퍼 유전자 가위로, 실현될 가능성이 아주 높아. 먼저 멸종한 동물과 유전적으로 가장 가까운 후손을 찾은 다음 크리스퍼 유전자 가위로 멸종한 동물의 특징을 가진 유전자를 후손의 DNA에 넣는 거야.

미국 하버드 대학교에서는 이런 방식으로 매머드를 복원하고 있어. 연구진은 매머드와 가장 비슷한 유전 형질을 가진 동물로 아시아코끼리를 찾아냈어. 그리고 유전자 가위로 아시아코끼리의 유전자에 매머드의 긴 털과 두꺼운 피하 지방의 정보를 지닌 유전자를 넣어 복원을 시도하고 있지. 복원이 성공하면 그림으로만 보던 매머드와 똑 닮은 생명체가 태어날 거야.

이들은 2017년에 이 실험을 처음 시작했는데, 10년 안에 꼭 매머드를 복원하겠다고 말했어.

미래 기술 더 생각해 보기

맞춤형 아기는 행복할까?

'맞춤형 아기'는 부모가 원하는 대로 유전자를 조작해 태어난 아이를 말해. 이런 꿈같은 일이 크리스퍼 유전자 가위를 통해 실제로 일어났어. 바로 2018년, 중국에서 말이야. 과학자 허젠쿠이는 후천 면역 결핍증에 걸리지 않도록 유전자를 바꾼 쌍둥이 여자 아이가 태어났다고 발표했어. 그 소식을 들은 전 세계 사람들은 혼란에 빠졌지.

내 아이가 평생 아프지 않고, 공부도 잘하고, 완벽한 외모까지 갖출 수 있다면 정말 사람들은 맞춤형 아기를 주문할까? 만약에 내가 부모가 선택한 대로 태어난 맞춤형 아이라면 행복할까?

기술적으로는 맞춤형 아기를 충분히 만들 수 있어. 하지만 이런 일이 윤리적으로 바람직한가에 대해서는 진지하게 생각해 볼 필요가 있어.

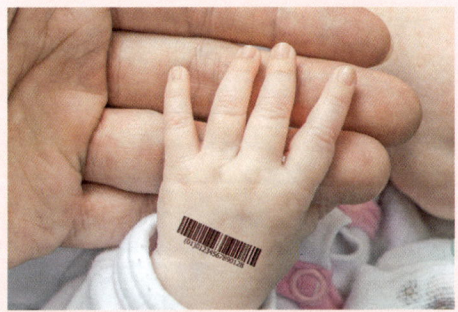

미션 4 꽁꽁 언 물에서 보다 강력한 에너지를 찾아라

"콜록콜록."

향이는 창이의 기침 소리에 눈을 떴다. 그리고 얼른 창이 이마에 손을 짚어 봤다. 다행히 열은 좀 내린 듯했다. 밤새 창이를 돌보던 어머니도 창이 곁에 잠들어 있었다. 아궁이에 넣어 둔 장작이 다 타 버렸는지 방바닥이 냉골이었다. 향이는 조심조심 밖으로 나왔다.

동트기 전이었지만 밖은 그리 어둡지 않았다. 며칠째 쉬지 않고 내린 눈 때문이었다. 쌓인 눈이 얼추 향이 허리춤까지 닿을 듯했다. 이렇게 큰 눈은 열두 살 향이에게는 처음이었다.

장작더미에는 장작이 달랑 다섯 개 남아 있었다. 평소 같으면 장작이 처마 끝에 닿을 만큼 높게 쌓였을 텐데, 아버지가 없으니 나무를 할 사람이 없었다.

향이 아버지는 떼꾼이었다. 산에서 벤 커다란 통나무를 뗏목으로 엮어서 물길을 따라 한양에 내다 팔았다. 하지만 겨울이면 강이 얼어 일을 할 수 없으니 일거리를 찾아 다른 마을로 떠나야 했다. 향이는 아버지 생각에 코가 시큰해졌다.

불이 더 꺼지기 전에 향이는 얼른 쓸 만한 장작 두 개를 집어 들었다. 아궁이에 후후 입바람을 부니 붉은 불씨가 살아났다. 잽싸게 장작을 올려 불을 붙이고는 방으로 들어갔다. 체온을 조금이라도 나누려고 이불 속 동생을 꼭 끌어안았다.

"콜록, 누나야?"

"창이야, 엄마는 품을 팔러 가셔야 하니 누나가 나무 해다가 방도 따뜻하게 해 주고, 죽도 쒀 줄게. 아, 그러면 물레방앗간에 가서 방아도 찧어 와야겠다."

"눈이 많이 온 것 같은데 꼭 가야 해? 콜록콜록."

"땔감도 떨어졌고, 방아도 찧어야 해."

날이 밝자 향이는 아버지가 나무를 하던 뒷산으로 향했다. 곡식 자루도 챙겼다. 설피(눈밭을 걸을 때 신던 덧신)를 신은 덕에 발이 빠지지는 않았다. 하지만 산을 오를수록 향이의 표정은 어두워졌다. 쌓인 눈 때문에 떨어진 나뭇가지가 하나도 보이지 않았기 때문이다.

당장 나무를 구하지 못하면 불을 땔 수 없었다. 그러면 방도 따뜻하게 할 수 없고, 죽도 만들 수 없었다. 한참을 생각하던 향이는 손에 잡히는 대로 나뭇가지를 꺾기 시작했다. 불을 때려면 무엇이라도 필요했다.

얼마쯤 하다 보니 손이 꽁꽁 얼어 나무토막처럼 감각이 없어졌다. 꺾은 나뭇가지를 대충 모아 보니 한 아름 정도 되었다. 향이는 나뭇가지 하나도 떨어지지 않게 품에 소중히 안았다. 집으로 가는 길에 향이는 계곡 옆 물레방앗간에 들렀다. 쿵덕쿵덕 돌아가야 할 물레방아가 멈춰 있었다.

'물이 얼어서 물레방아가 멈춰 버렸네. 휴, 언제 돌절구로 쌀을 찧는담.'

향이는 포옥 한숨을 쉬었다. 원래는 산 위에서 세차게 흘러 내려오는 계곡물이 물레방아의 날개를 돌리고, 그 힘으로 방앗공이가 움직여 곡식을 찧어 주었다. 하지만 날이 추워 계곡물이 얼어붙은 탓에 물레방아가 돌아가지 않았다. 향이는 돌절구로 방아를 찧을 생각을 하니 눈앞이 캄캄했다.

향이는 어깨를 축 늘어뜨리며 집에 돌아왔다. 어머니는 아직 돌아오지 않았고, 집에는 동생밖에 없었다. 향이는 찬 바닥에 누워 떨고 있을 동생 생각에 얼른 불부터 땠다. 가져온 나뭇

가지를 불쏘시개 삼아 불을 지폈다. 하지만 나뭇가지는 타닥타닥 타는 듯하다 금세 꺼졌다. 마른 나뭇가지가 아니라서 불이 쉬이 붙지 않는 것 같았다. 설사 불이 붙더라도 큰 통나무 장작이 아닌 나뭇가지로는 불을 오래 지필 수 없을 게 뻔했다.

향이는 부엌에서 나와 돌절구 앞으로 갔다. 일단 쌀이라도 찧어 두어야겠다 싶었다. 절구 안에 벼를 넣고 있는 힘껏 공이를 찧었다. 절구질 몇 번에 땀이 송글송글 맺혔다.

절구질을 한참 했지만, 겨우 쌀 한 줌이 나왔다. 물레방아로는 쉽고 빠르게 방아를 찧을 수 있었는데, 돌절구로는 어림도 없었다. 그때 창이의 가느다란 목소리가 들려왔다.

"누나, 너무 추워. 콜록."

"추운데 왜 나왔어. 그나저나 나무를 못 해서 어쩌지. 아무것도 할 수가 없게 됐어."

향이는 속상해서 눈물이 왈칵 쏟아질 것 같았지만 꾹 참았다. 아픈 동생에게 약한 모습을 보이고 싶지 않았다. 향이의 마음을 알아챈 창이가 입에서 뽀얀 입김을 내뿜으며 말했다.

"누나, 난 겨울이 너무 싫어. 물이 꽁꽁 얼어서 뗏목도 못 띄우고, 눈이 쌓이니 나무도 못 하잖아. 곡식도 손으로 찧어야 하고 말야. 콜록콜록."

향이는 온기를 실어 창이의 손을 힘껏 잡아 주었다. 동생을 위해서도, 자신을 위해서도 희망을 잃고 싶지 않았다.

"창이야, 우리 한번 상상해 볼까. 산신령이 나타나서 요술 같은 힘을 우리한테 주는 거야. 한겨울에도 방을 따뜻하게 데우고, 밥도 짓고, 방아도 찧어 주는 그런 힘 말이야. 아! 아버지를 도와 나무도 실어 나를 수 있으면 정말 좋겠다, 그렇지?"

꿈같은 향이의 말에 두 아이의 얼굴에 잠시나마 미소가 번졌다. 향이는 동생의 미소가 사라지기 전, 상상이 정말로 이루어지기를 간절히 바랐다.

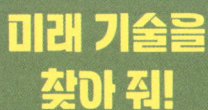

향이네 마을이 추위에 꽁꽁 얼어 버렸습니다. 뗏꾼인 향이 아버지는 강이 얼어 일이 없어졌습니다. 곡식을 찧는 물레방아도 멈췄습니다. 나무가 눈에 젖어 방을 데울 땔감도 구할 수 없습니다. 이 모든 일에는 에너지가 필요합니다. 향이와 창이를 위해 물을 이용한 신재생 에너지를 찾아 주세요.

이번 미션은 어렵다. 난 정말 모르겠어.

나도 동감.

자, 찬찬히 생각해 보자. 이 시대 사람들은 흐르는 물의 힘을 이용해 곡식을 찧거나 뗏목을 타고 다녔어. 물의 운동 에너지를 이용한 거지.

가장 흔한 원소로 만든
가장 완벽한 에너지예요

수소 에너지를 소개합니다

▶ 휘발유보다 더 큰 힘을 가진 수소 에너지 ◀

향이와 창이가 원하는 특별한 힘은 에너지야. 방을 따뜻하게 하고, 물레방아를 돌리고, 나무를 나르고, 요리를 하는 것도 모두 에너지를 이용하는 일이지. 에너지의 종류는 운동, 위치, 열, 전기 등 다양해. 그중 수소 에너지는 수소를 연료로 사용해서 만드는 신재생 에너지야. 환경 오염 물질을 전혀 배출하지 않아 미래의 에너지로 주목받고 있어.

수소는 물에서 얻을 수 있어. 물(H_2O)은 수소 원자 두 개(H_2)와 산소 원자 한 개(O)로 이루어져 있거든. 물을 전기 분해해 수소와 산소를 분리한 다음, 수소만 모으는 거야.

수소 1킬로그램으로는 3만 5,000칼로리라는 어마어마한 양의 에너지를 만들 수 있어. 휘발유 1킬로그램이나 부탄가스 1킬로그램으로 만들 수 있는 에너지보다 세 배나 많은 양이야. 그래서 사람들은 엄청난 힘을 가진 수소 에너지에 주목하고 있어.

한겨울에 물이 얼더라도 물속 수소로 에너지를 만들면 향이네 가족에게 큰 도움이 될 거야. 물이 흐르면서 생기는 힘보다 더 센 힘으로 나무를 한양까지 나를 수 있어. 또 수소로 에너지를 만들 때 나오는 열로 방을 데우거나 음식을 할 수도 있어. 힘들게 나무를 할 필요가 없지.

물에서 수소를 얻는 방법, 전기 분해

전기 분해는 전기를 통해 어떤 화합물에 있는 물질을 분해하는 것을 말해. 전기 분해를 이용하면 물에 있는 수소와 산소를 분리할 수 있어.

하지만 불순물이 없는 물에는 전기가 흐르지 않아. 그렇기 때문에 물에 전기가 잘 흐르게 해 주는 전해질을 넣어 줘야 해. 그런 다음 물에 전류를 흘려 주면 (-)극에는 양이온으로 이루어진 수소 기체가, (+)극에는 음이온으로 이루어진 산소 기체가 모이면서 수소와 산소로 분리돼.

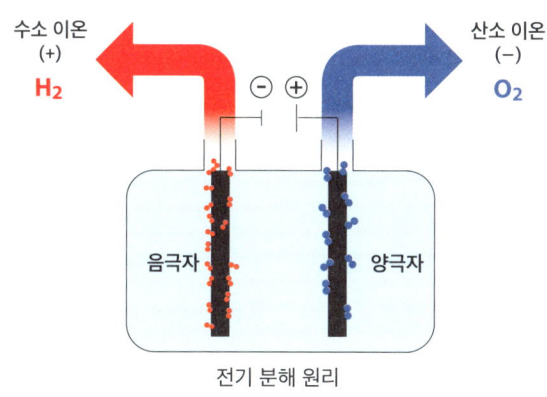

전기 분해 원리

써도 써도 줄지 않는 청정에너지

사람들이 수소 에너지에 주목하는 또 다른 이유가 있어. 그것은 바로 고갈될 염려가 없기 때문이야. 석유나 석탄 같은 화석 연료는 매장량이 정해져 있어. 지금과 같이 석유를 사용하면 앞으로 50년 뒤에는 석유가 바닥날 거라고 해.

하지만 수소는 달라. 우주 전체의 75퍼센트를 차지할 정도로 많아. 지구에 열 번째로 많은 원소지. 우리가 쓰는 화석 연료에도 수소가 있고, 심지어 바닷물의 약 11퍼센트도 수소로 이루어져 있어. 수소는 어디에나 있는 무한한 자원이야.

더군다나 수소는 환경 오염을 일으키지 않는 '청정에너지'야. "지구 온난화를 막으려면 탄소 배출을 줄여야 한다"는 말 들어 봤지? 화석 연료는 쓸 때마다 엄청난 양의 탄소가 나와. 하지만 수소 에너지를 쓸 때는 물과 산소만 나오지. 물과 산소는 환경을 오염시키지 않을 뿐 아니라 우리에게 도움이 돼. 예를 들어, 우주 비행사들은 우주에서 수소를 에너지로 쓰고 난 뒤 나오는 물을 마시고 있어.

수소와 산소로 전기를 만드는 수소 연료 전지

수소 연료 전지는 수소로 전기 에너지를 만드는 장치야. 원리는 간단해. 물을 전기 분해하면 수소와 산소로 분리된다고 했지? 그러니 거꾸로 산소와 수소를 섞어 물과 전기 에너지를 얻는 거야.

수소 연료 전지는 이미 여러 분야에서 쓰이고 있어. 전기료가 비싼 유럽에서는 건물의 냉난방 에너지를 공급하는 건물용 수소 연료 전지에 대한 관심이 높아. 독일에서는 2018년에 세계 최초로 수소 연료 전지로 달리는 기차 '코라디아 이린트'가 등장했어. 기차뿐 아니라 배와 비행기에 수소 연료 전지가 쓰일 날도 머지 않았어. 노트북이나 휴대 전화에 수소 연료 전지를 사용하는 기술도 한창 개발 중이야.

짚고 가기

수소 연료 전지가 전기를 만드는 원리는?

물을 전기 분해하는 과정을 거꾸로 해서 에너지를 만드는 거야. 먼저 전해질을 사이에 두고 (-)극에는 수소를, (+)극에는 산소를 공급해. 그러면 (-)극의 수소는 전자를 내놓은 뒤 전해질을

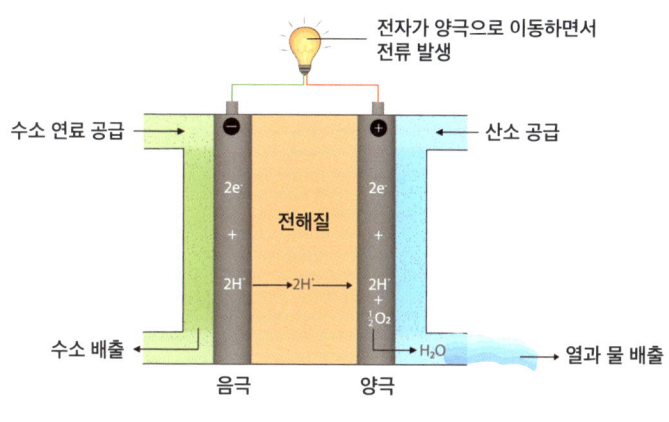

수소 연료 전지 구조

통해서 (+)극으로 이동하는데, 이때 수소가 산소를 만나 물과 열이 만들어져.

그리고 수소가 내놓았던 전자는 회로를 따라 빠르게 (+)극으로 흘러가. 이때 흐르는 전류가 바로 전기 에너지가 되는 거야.

수소 에너지는 완벽할까?

▶ 수소를 만드는 데 더 많은 전기가 든다고? ◀

이렇게 완벽한 수소 에너지를 왜 당장 사용하지 않는 걸까? 수소를 만들어 내는 비용이 많이 들고, 아직 완벽하게 친환경적이지 않기 때문이야.

수소는 가벼워서 혼자 존재할 수 없어. 그래서 다른 원자와 결합해 물이나 석탄, 석유, 천연가스와 같은 형태로 존재하지. 그래서 수소를 에너지로 쓰려면 먼저 이런 물질에서 수소를 분리해야 해. 수소를 분리하는 방법은 여러 가지인데, 분리 방법에 따라 각각 그린 수소, 블루 수소, 그레이 수소, 브라운 수소라고 불러.

그린 수소는 물을 전기 분해해서 만드는 수소야. 이때 태양광이나 풍력 발전, 재생 에너지에서 얻은 전기를 사용하기 때문에 탄소가 발생하지 않아. 하지만 그린 수소에는 매우 큰 단점이 있어. 수소를 분리할 때 쓰는 전기 에너지가, 만들어진 수소 에너지보다 훨씬 많다는 거지. 배보다 배꼽이 더 큰 셈이야.

블루 수소나 그레이 수소는 천연가스나 석유에서, 브라운 수소는 석탄에서 얻은 수소를 말해. 그린 수소와 다르게 수소 분리 과정에서 엄청난 양의 탄소를 배출하지. 수소 에너지 자체는 친환경적이지만, 만드는 과정은 친환경적이지 않은 셈이야.

높은 비용과 탄소 발생이라는 두 가지 문제는 수소 에너지가 진정한 친환경 미래 에너지가 되기 위해 반드시 해결해야 할 문제야. 반가운 소식은 우리나라 연구진이 바닷물에서 값싸게 수소를 얻는 방법을 개발하고 있다는 거야.

에너지를 안전하게 저장할 기술도 필요해

어렵게 만든 수소를 안전하게 보관하는 것도 중요해. 수소는 매우 가벼워서 공기 중에 흩어지기 쉬워. 그래서 압축해 고압의 기체 상태로 저장하거나, 액체로 만들어 저장하는 등 다양한 방식을 사용하고 있지.

기체 상태의 수소는 안정적이지 않기 때문에 최근에는 수소를 액체나 고체로 저장하는 기술을 개발 중이야. 그중 액체로 저장하는 방법이 가장 좋아. 하지만 비용이 너무 많이 들어. 수소를 액체로 만들려면 압력을 높이거나 온도를 낮춰야 하는데, 이 과정에서 엄청난 돈이 들거든.

수소 에너지는 이제 막 시작하는 단계라 더 많은 연구가 필요해. 그러니 연구를 계속한다면 앞서 말한 단점들도 하나둘 해결될 거야.

수소 에너지의 미래는?

🔺 가장 친환경적인 자동차, 수소 자동차 🔻

친환경 자동차에는 하이브리드 자동차, 전기 자동차, 수소 자동차가 있어. 하이브리드 자동차는 기존의 가솔린 자동차와 전기 자동차를 결합한 자동차야. 상황에 따라 가솔린 엔진과 전기 모터를 번갈아 가며 움직여. 전기 자동차는 충전된 전기로만 움직이는데, 엔진이 없어서 소음이 없어. 수소 자동차의 경우, 공기 중의 산소와 연료 탱크의 수소가 만나 만든 전기가 모터를 돌려 차를 움직여. 전기 차보다 더 멀리까지 달릴 수 있고, 충전 시간이 5분밖에 걸리지 않아.

세 자동차 중 가장 친환경적인 자동차는 무엇일까. 바로 탄소가 전혀 나오지 않는 수소 자동차야. 전기 자동차를 움직이는 전기는 결국 화석 연료로 만들어진다는 문제점이 있어.

반면 수소 자동차는 탄소 대신 오직 물만 배출해. 수소 자동차에는 전기 차에 없는 배수구가 있는데, 이곳으로 물이 배출돼.

더 놀라운 건 수소 자동차가 '공기 청정기' 역할을 한다는 거야. 수소 자동차가 달릴 때는 수소는 물론 산소도 필요해. 수소 자동차는 공기 중에 있는 산소만 쓰고, 나머지 공기는 다시 내보내. 이런 수소 자동차에 공기 정화 필터를 설치하면 어떻게 될까? 수소 자동차로 들어간 공기가 필터를 통과하면서 미세 먼지나 오염 물질이 걸러질 거야.

실제로 우리나라 수소 자동차인 넥쏘는 공기 필터가 있어서 초미세

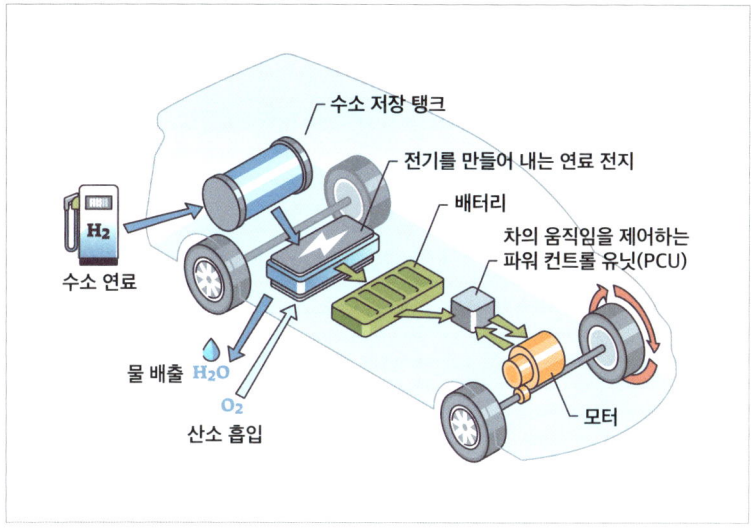

수소 자동차의 구조

먼지를 99퍼센트까지 걸러 줘. 이 차가 한 시간 동안 달리면 40명의 성인이 한 시간 동안 숨 쉴 수 있는 맑은 공기가 만들어져. 수소 자동차가 많아진다면 공기도 무척 깨끗해질 거야.

수소 자동차를 '최고의' 친환경 자동차라고 하는 이유, 이제 알겠지?

미래 기술 더 생각해 보기

천연가스로 만든 수소가
진짜 친환경 에너지일까?

수소 에너지를 널리 사용하려면 무엇보다 친환경적인 수소를 뜻하는 '그린 수소'를 만드는 게 중요해. 탄소를 배출하지 않고 그린 수소를 만들려면 물에 전기를 흘려 보내 수소와 산소로 분리해야 해. 이때 반드시 재생 에너지로 만든 전기를 사용해야 하지.

하지만 우리나라는 아직까지 천연가스에서 수소를 추출하고 있어. 또 비용을 아끼기 위해 석유 화학 공장이나 철강 공장에서 부수적으로 나오는 수소도 많이 이용해. 문제는 이런 과정에서 많은 양의 온실가스가 배출되어 지구 온난화를 부추긴다는 거야.

수소에서 얻는 수소 에너지는 청정하지만, 그 연료인 수소를 만드는 과정은 전혀 청정하지 않은 거지. 이런데도 수소를 친환경 에너지로 부를 수 있을까? 이에 대한 논란은 여전히 많아.

미션 5
가뭄이 든 섬에서 물을 만들어라

 연이를 태운 배가 포구에서 멀어져 갔다. 점점 작아진 배는 하나의 점이 되어 바다에 묻혀 버렸다. 가장 친한 친구가 떠나는 것을 지켜보던 간난이가 털썩 주저앉았다. 염소 검둥이가 간난이의 볼에 흐르는 눈물을 할짝할짝 핥아 주었다.
 "진짜 갔네. 이제 따개비는 누구랑 따나. 검둥아, 네가 갈래?"
 검둥이가 그러겠다는 듯 간난이의 어깨에 이마를 콩콩 찧었다. 검둥이의 보드라운 털을 쓰다듬으니 울적한 마음이 조금 풀렸다. 간난이가 고개를 돌려 섬을 바라보았다.
 1년 전까지만 해도 수안도는 예쁜 초록빛 섬이었다. 그물만

던지면 물고기가 가득 잡혔고, 섬 곳곳에서 물이 솟아났다. 물이 풍부하니 밭농사도 잘됐다. 그러나 몇 달 비가 내리지 않으면서 모든 것이 달라졌다. 섬은 점점 푸른빛을 잃어 갔다. 농사는커녕 마실 물만 간신히 얻을 수 있었다. 그때부터 사람들이 섬을 떠나기 시작했다. 오늘은 연이네마저 뭍으로 나갔다.

간난이는 포구를 벗어나 용천수(땅 밑에서 솟아나는 물)가 솟아나던 모래밭으로 향했다. 아버지와 마을 어른들은 아침부터 이곳에서 우물을 파고 있었다. 아버지는 땀을 뻘뻘 흘리며 곡괭이질을 했다. 간난이는 뭐라도 돕고자 땅에서 파낸 돌을 나르기 시작했다.

간난이 기억으로는 이번에 파는 우물이 열세 번째였다. 원래 있던 우물이 바닥을 드러내자 사람들은 물이 나올 만한 곳을 찾아 섬 곳곳에 새 우물을 팠다. 처음 두세 번째 판 우물에서는 맑은 물이 퐁퐁 솟아났다. 시원하다 못해 달큼하기까지 한 물이었다. 하지만 그 우물도 오래지 않아 말라 버렸다.

"어, 물이다! 물이 나온다."

그때 누군가가 소리를 질렀다. 간난이는 나르던 돌을 팽개치고 얼른 달려갔다. 어른 허리춤만큼 파 내려간 구덩이 안에 아버지가 들어가 있었다. 아버지 발밑에 아기 손가락만 한 물줄기가 솟아오르고 있었다. 어른들은 얼싸안고 기뻐했다. 간난이도 덩달아 신이 났다. 검둥이도 달랑달랑 짧은 꼬리를 흔들었다.

"우리 간난이가 대표로 물맛 좀 보런?"

아버지는 소라 껍데기를 주위 물을 담았다. 간난이는 물 한 방울이라도 쏟을까 봐 조심조심 소라 껍데기를 받아 들었다. 시원하고 달콤한 물맛을 상상하며 단숨에 들이켰다.

"퉤퉤퉤! 악, 너무 짜요!"

간난이는 얼굴을 잔뜩 찌푸렸다. 바닥에 떨어져 데굴데굴 굴러가던 소라 껍데기는 검둥이 발아래에 멈췄다. 검둥이가 혀로 소라 껍데기 안의 물을 맛보더니 켁켁거렸다.

순식간에 어른들의 표정이 굳어졌다. 물이 아니라 바닷물이었다. 모든 노력이 허사로 돌아가고 말았다. 간난이는 너무 크게 소리를 지른 것 같아 미안해졌다.

"아버지, 죄송해요."

"아니야. 네가 죄송할 게 뭐냐. 이게 모두 비가 안 오는 탓이지. 내일 뭍에서 용하다는 무당을 모셔 와 기우제를 지내기로 했으니, 거기에 희망을 걸어 봐야겠구나."

간난이도 기우제를 지낸다는 것을 알고 있었다. 어머니와 동네 아낙들은 기우제를 준비하느라 바빴기 때문이다.

허탈해진 사람들은 짐을 챙겨 다시 일어섰다. 물이 나올 법

한 다른 장소를 찾아야 했다. 아버지도 뒤를 따랐다. 아버지의 축 처진 뒷모습을 보며 간난이는 생각에 잠겼다.

'섬에서 물을 구할 방법이 우물 파는 것밖에 없을까? 바다에는 저렇게 물이 많은데…….'

그 순간 간난이 머릿속에 번개가 번쩍였다. 간난이는 부리나케 집을 향해 달렸다. 검둥이가 촐랑촐랑 따라 뛰었다. 간난이는 물동이를 집어 들고 이번엔 바다로 달려가 물동이 가득 바닷물을 담아 집으로 향했다. 길어 온 바닷물은 가마솥에 부었다. 바다와 집 사이를 네 번 오가니 가마솥에 바닷물이 가득 찼다. 간난이는 흐뭇하게 가마솥을 내려다봤다.

'그래, 바닷물을 끓여서 마실 물을 만들어 보자.'

간난이는 아궁이에 바짝 붙어서 불을 지폈다. 불이 활활 타올랐다. 시간이 지나자 가마솥 뚜껑에 물방울이 맺히기 시작했다. 소금기 없는 맹물이 분명했다.

하지만 간난이의 기대와 달리 맺히는 물의 양이 너무나 적었다. 그나마도 바가지에 모으기 쉽지 않았다. 발을 동동 구르는데 불을 지필 땔감이 바닥나고 말았다.

"간난아, 이게 다 무슨 일이야? 가마솥에 물은 뭐고?"

깜짝 놀란 아버지에게 간난이는 자초지종을 들려주었다. 이야기를 들은 아버지는 간난이의 등을 쓰다듬어 주었다.

"기특한 생각을 했다만 이렇게 물을 얻다간 섬의 나무가 남아나질 않겠구나."

아버지는 보름 안에 비가 안 오면 섬을 떠나야 한다고 했다. 아버지의 눈가가 촉촉해졌다.

간난이는 밤새 잠을 이룰 수 없었다. 정든 섬을 떠나고 싶지 않았기 때문이다. 계속 섬에 살려면 물을 구할 방도를 찾아야 했다. 뒤척이던 간난이는 새벽께 물을 마시려 밖으로 나왔다. 짙은 바다 안개가 섬 전체를 하얗게 휘감고 있었다. 검둥이도 목이 마른지 마당을 서성였다.

간난이는 검둥이에게 줄 물을 바가지에 담아 나왔다. 그러나 검둥이는 간난이가 내민 물바가지 대신 돌을 날름날름 핥을 뿐이었다.

"검둥아, 너 이슬을 먹는 거야? 그래, 어쩌면 이슬과 안개를 다 모으면 많은 물이 되지 않을까. 그러면 우물을 파지 않아도, 어디서든 물을 얻을 수 있을 텐데······."

간난이는 그 순간 검둥이가 너무나 부러웠다. 간난이의 마음을 아는지 모르는지 검둥이는 꼬리만 살랑살랑 흔들었다.

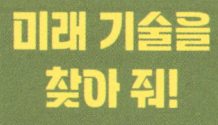

이번 미션의 힌트는 검둥이인 것 같아. 검둥이는 이슬로 목을 축였잖아.
음, 공기 중에 있는 안개나 이슬을 모아서 물을 만든다면…….
손에 잡히지도 않는 안개를 무슨 수로?
사막에서 농사를 짓기 위해 어떤 곤충을 본뜬 기술을 개발했다고 했는데…….
아, '사막딱정벌레'! 메마른 사막에서 안개 속 수증기를 모아 마시는 곤충이야.

미래를 이끌어 갈 기술은 자연 속에 있어요!

생체 모방 기술을 소개합니다

▶ 생체 모방 기술로 만든 거북선 ◀

생체 모방 기술은 생명체가 가진 특별한 기능을 본떠 우리 생활에 이용하는 기술을 말해. 알고 보면 인간은 오래전부터 생체 모방 기술을 사용해 왔어. 우리가 잘 알고 있는 거북선 역시 거북이의 딱딱한 등껍질을 본떠 만들었지. 이처럼 생체 모방 기술은 우리에게 낯설지 않아.

생체 모방 기술은 간난이가 사는 수안도의 물 부족도 해결할 수 있어. 힌트는 검둥이가 돌에 맺힌 이슬을 먹은 데 있어. 이슬은 공기 중의 수증기가 응결해 생기는 작은 물방울이야. 우리 눈에 보이진 않지만 공기 중에는 물이 둥둥 떠다니고 있어. 사람들은 이 공기 중의 수증기를 효과적으로 모을 방법을 고민했지. 그리고 아프리카 나미브 사막에 사는 사막딱정벌레에게서 그 해답을 찾아냈어.

🔸 사막에서 농사를 짓게 해 준 사막딱정벌레 🔸

사막딱정벌레가 사는 곳은 1년 평균 강수량이 100밀리미터밖에 되지 않는 매우 건조한 지역이야. 사막딱정벌레는 밤에 모래 언덕을 기어 올라가 안개가 자욱해지면 물구나무서. 그러면 잠시 후 사막딱정벌레의 등에 물방울이 맺혀. 물방울은 또르르 흘러 물구나무를 선 사막딱정벌레의 입으로 들어가지. 비밀은 사막딱정벌레 등에 있는 돌기야. 이 돌기 끝부분은 물이 잘 달라붙어 공기 중의 수증기를 끌어모을 수 있거든.

사막딱정벌레 등에 있는 돌기를 본떠 만든 게 에어드롭이라는 인공 오아시스 장치야. 온도가 낮은 땅속에 파이프를 묻고, 공기 중의 수증기가 이슬방울로 맺히면 땅속으로 모이도록 했지. 중동의 카타르에서는 에어드롭으로 1년에 세 가지 이상의 채소를 재배하는 실험에 성공했어. 사막에서도 농작물을 재배할 수 있을 만큼 충분한 물을 얻은 거야. 간난이가 사는 수안도에서도 이런 방식으로 물을 얻을 수 있어.

🔸 건축·의료·의류······ 생체 모방 기술 아닌 게 없네 🔸

생체 모방 기술은 우리 주변에서 쉽게 찾아볼 수 있어. 가방이나 신발에 달린 '찍찍이'를 알 거야. 찍찍이의 정식 명칭은 '벨크로'인데, 벨크로는 끝부분이 갈고리처럼 된 도꼬마리 열매를 보고 만든 발명품이야. 헬리콥터의 프로펠러도 빙글빙글 돌면서 날아가는 단풍나무의 씨앗을 보고 만들었지. 또 연잎은 물을 밀어내는 미세 돌기 덕분에 물방울이 굴

러떨어질 뿐 잎이 젖지 않아. 이런 특징을 본떠 방수 의류를 만들었지. 또 잠자리는 겹눈 덕분에 고개를 돌리지 않아도 140~180도의 넓은 시야를 볼 수 있고, 먼 거리도 선명하게 볼 수 있어. 잠자리의 겹눈 구조를 본떠서 만든 카메라 렌즈가 바로 초광각 렌즈야.

건축에도 생체 모방 기술이 활용되고 있어. 벌집의 정육각형 구조는 최소한의 건축 재료로 최대의 공간을 만들 수 있어 경제적이야. 이 육각형 구조는 골판지나 비행기 날개, 고속 전철에도 널리 응용되고 있어. 또한 모기의 침에서 아이디어를 얻어 만든 주사기도 있어. 끝이 점점 가늘어지는 모기 주둥이를 본떠 주삿바늘을 만들었는데, 이 주사는 맞아도 전혀 아프지 않아. 그래서 매일 인슐린 주사를 맞아야 하는 당뇨병 환자에게 인기가 높아.

우리가 맛있게 먹는 홍합에서도 배울 점이 있어. 홍합은 미끄러운 바위에 찰싹 달라붙어 잘 떨어지지 않아. 홍합의 특별한 접착제 덕분이지. 그런데 연구 결과 홍합의 접착제는 접착력이 매우 뛰어날 뿐 아니라 흉

도꼬마리 열매를 본뜬 벨크로

터를 낮게 하는 효과까지 있었어. 이후 홍합의 접착제를 대량으로 생산해 의료용 접착제나 상처 회복제, 치과용 접착제로 쓰고 있지.

이처럼 생체 모방 기술은 우리의 일상품은 물론 의료, 반도체, 항공 등 첨단 분야에도 폭넓게 사용되면서 중요한 미래 기술로 자리 잡았어.

▶ 왜 자연을 그대로 따라 할까? ◀

그런데 인공 지능 로봇이 개발되고, 우주여행을 가는 시대에 굳이 자연을 따라 하려는 이유가 무엇일까? 이는 수만 년에 걸쳐 진화한 생물의 몸이 그 어떤 과학 기술보다 뛰어나기 때문이야.

멸종된 공룡을 생각해 봐. 공룡들은 변화하는 환경에 적응하지 못하고 지구에서 사라졌어. 반대로 우리 주변에서 볼 수 있는 생물들은 기후나 서식지에 맞춰 몸의 구조나 기능을 조금씩 바꾸며 지금까지 살아남았어. 사막딱정벌레가 사막에서 물을 얻을 수 있도록 진화한 것처럼 말이야. 새로운 과학 기술을 하나 개발하려면 수없이 많은 실험을 해야 해. 하지만 생물들은 이미 오랜 세월 진화하면서 그 실험 과정을 모두 거쳤지. 생물 자체가 오랜 실험의 결과물인 셈이야.

또 자연을 파괴하지 않을 수 있다는 장점도 있어. 생물들은 서로 어우러져 진화하면서 거대한 자연을 이뤄 왔거든. 그러니 생물이 살아가는 방식을 따라 하면 자연을 훼손하는 대신 자연과 어우러지며 발전할 수 있을 거야.

생체 모방 기술의 미래는?

▶ 모양만 흉내 내는 시대에서, 기능을 연구하는 시대로 ◀

생체 모방 기술은 크게 모양만을 모방하는 기술과 기능을 모방하는 기술로 나눌 수 있어. 일본의 신칸센 열차는 물총새의 겉모습을 따라 한 경우야. 고속 전철 앞부분을 물총새의 부리처럼 길게 디자인해서 소음을 줄였어. 또 적은 양의 전기로도 더 빨리 달릴 수 있어.

하지만 요즘은 생물의 기능을 연구하는 생체 모방 기술이 더 중요해지고 있어. 기능을 본뜬 생체 모방 기술은 이미 존재하는 기술의 단점을 극복하는 데 큰 도움을 주기 때문이야. 맹그로브 뿌리를 본뜬 해수 담수화 기술이 그 예야. 기존의 해수 담수화 기술에는 엄청난 양의 전기가 필요했어. 하지만 맹그로브 나무의 기능을 본뜬 새로운 기술로 전기를 대폭 아낄 수 있게 됐지.

이처럼 생물의 기능을 따라 하는 생체 모방 기술은 환경 오염을 줄이

물총새

신칸센

면서, 적은 비용으로 더 좋은 효과를 낼 수 있어. 그뿐만 아니라 앞으로 수명을 늘리거나 삶의 질을 높이는 데에도 중요한 역할을 할 거야.

벌레잡이통풀처럼 코로나19 바이러스 잡아 볼까?

코로나19 바이러스를 극복하려는 시도가 활발하게 진행되고 있어. 생체 모방 기술도 여기에 힘을 보태고 있어. 코로나19 바이러스는 공기 중에 날아다니는 침방울을 통해 전염된다고 알려져 있어. 때문에 창문이나 책상, 손잡이, 엘리베이터 등 침방울이 튄 물건을 만지면 코로나19에 전염될 가능성이 높아져. 엘리베이터 버튼에 붙여 놓은 보호 필름은 이런 간접 전염을 막기 위한 방법이야.

우리나라 과학자들은 더 나아가 '바이러스 잡는 필름'을 개발했어. 벌레잡이통풀에서 아이디어를 얻었지. 파리 같은 벌레를 잡아먹는 벌레잡이통풀은 표면이 아주 미끄러워. 그래서 벌레가 그 위에 앉으면 쑥 미끄러져 안쪽으로 빨려 들어가서 빠져나오지 못해.

이 원리를 보호 필름에 적용한 것이 '바이러스 잡는 필름'이야. 필름의 표면이 미끄러워서 미세한 침방울이 떨어져도 바로 홈으로 빨려 들어가. 이 홈은 벌집 모양과 쐐기 모양으로 만든 입체 구조라서 한번 들어간 침방울은 절대 빠져나올 수 없어. 그렇기 때문에 침방울이 튄 보호 필름을 만져도 전염될 걱정이 없지.

이 기술은 전염병을 일으키는 바이러스는 물론 미세 먼지 문제를 해결하는 데도 도움이 될 거야.

미래 기술 더 생각해 보기

생체 모방 기술이 적용된 수영복은 금지?

수영은 물속에서 누가 빠르게 헤엄치는지 겨루는 경기야. 그럼 누군가 속도를 높여 주는 특수한 수영복을 입으면 반칙일까? 아니면 기술의 발전이기 때문에 허용해야 할까?

실제로 기록에 영향을 미칠 만큼 특별한 수영복이 있었어. 2000년에 출시된 전신 수영복 '패스트스킨'은 생체 모방 기술이 적용된 수영복이야. 이 수영복을 개발한 과학자들은 몸집이 큰 상어가 물속에서 빠르게 헤엄칠 수 있는 이유를 살펴봤어. 비밀은 상어 피부에 있는 미세한 돌기에 있었어. 돌기가 물의 저항을 막아 준 덕에 상어가 물속에서 미끄러지듯 움직일 수 있었던 거지. 수영복에 상어 피부처럼 돌기를 만들어 주니 신기하게도 속도가 무척 빨라졌어.

이 수영복을 입고 2000년 시드니 올림픽에 나간 선수들은 33개의 금메달 중 25개를 휩쓸었어. 오스트레일리아의 이안 소프 선수는 3개 종목에서 금메달을 따냈어. 이어 2008년 베이징 올림픽에서 이 수영복을 입은 선수들이 세계 최고 기록을 세웠어. 한 올림픽에서 무려 108개의 세계 신기록이 나왔다면 믿을 수 있겠니? 결국 국제 수영 연맹은 2010년 전신 수영복을 금지했어. 전신 수영복을 '기술 도핑'이라고 판단했기 때문이야.

기술 도핑이란 신체 기량을 다루는 경기에서 인간의 한계를 뛰어넘게 해 주는 기술이 들어간 장비를 사용하는 걸 말해. 수영 연맹은 선수의 능력이 아닌 패스트스킨 수영복 덕에 빠른 속도를 냈다고 본 거야.

하지만 아직도 이 문제에는 논란의 여지가 많아. 전신 수영복이 기술 도핑이라면 어디까지가 기술이고, 어디까지가 인간의 능력인지 정확히 구별하기 어렵거든.

상어의 비늘 구조

미션 6
부작용이 없는 약초를 구하라

"아버지, 이러다가 우리까지 어떻게 되는 거 아니에요? 무서워요."

"아무래도 네가 어머니와 동생을 데리고 마을을 떠나 있어야겠다. 나는 마을에 남아 환자를 돌봐야 하니."

포졸들이 거적을 덮은 수레를 끌고 가고 있었다. 오늘만 두 번째였다. 거적 밑으로 검붉어진 손과 발이 수없이 튀어나와 있었다. 개똥이는 차마 볼 수가 없어 아버지 품에 얼굴을 묻었다. 평소보다도 훨씬 따뜻한 아버지의 품이 두려움을 조금 가라앉혀 주었다.

아버지는 개똥이의 작은 등을 쓸어 주며 산속 동굴에 가 있

으라 일렀다. 약초꾼 아버지를 따라 여러 번 가 본 곳이라 개똥이도 그곳을 잘 알았다. 아버지를 혼자 두고 가야 하는 게 마음에 걸렸지만 개똥이는 그러겠다고 대답했다.

개똥이는 처음 역병이 돈 날을 떠올렸다. 한 달 전쯤, 포목점 왕 씨 아저씨가 고뿔이 들었다며 찾아왔다. 아저씨는 몸이 덜덜 떨리고 열이 난다며 아버지에게 약초를 받아 갔다. 돌아갈 때는 구역질을 하며 휘청거리기까지 했다.

아저씨는 낫지 않았다. 이번엔 아주머니가 약을 가지러 왔다. 아주머니 말로는 아저씨 얼굴과 팔다리에 종기처럼 작은 돌기가 돋았다고 했다. 돌기가 점점 부풀어 오르더니 속이 누렇게 곪았는데 그 모양이 끔찍하다 했다.

순간 아버지 얼굴이 사색이 됐다. 아버지는 낮게 읊조렸다.

"두, 두창(천연두)······. 두창이다."

아버지는 급히 관아에 달려가 역병 소식을 전했다. 그날 이후로 마을에는 발걸음이 뚝 끊겼다. 왕 씨 아저씨의 울부짖음이 온 마을에 울려 퍼질 뿐이었다. 아저씨가 그리되더니 아저씨를 돌보던 아주머니도, 윗집 꽃님이네도, 건넛집 대장간 아저씨네도 하루하루 두창에 쓰러져 갔다. 이 집 저 집 죽는 사람이 늘어만 갔다. 마을에 곡소리만 가득했다.

개똥이는 정신을 차리고 집을 떠날 채비를 했다. 채비를 마치고 아버지께 인사를 하려고 약초 창고의 문을 연 순간 개똥이는 저도 모르게 숨을 들이켰다. 아버지가 바닥에 쓰러져 있었다. 몸이 불덩이였다. 좀 전에 아버지를 안았을 때 몸이 뜨거웠던 게 떠올랐다.

개똥이는 얼른 아버지를 방에 눕혔다. 눈물이 왈칵 쏟아질 것만 같았지만 꾹 참았다. 개똥이는 아버지가 했던 말을 곰곰이 되짚어 봤다.

'아버지는 두창에는 약이 없다고 했어. 단지 병증을 편하게 해 주는 약초를 쓰는 거랬지. 그럼 열을 먼저 내려야 해. 무, 무슨 약초가 있더라? 생각나라, 제발!'

퍼뜩 떠오르는 게 있었다. 아버지는 인진쑥이 몸을 차갑게 한다고 했었다. 하지만 너무 많이 먹으면 설사를 한다고도 했다. 아버지는 그것을 부작용이라고 불렀다. 기대한 것과 다른 효과가 나타날 수 있어서 약을 쓸 때는 늘 조심해야 한다고도 말했다. 개똥이는 왜 병을 치료하려고 쓰는 약이 다른 곳을 아프게 하는지 도통 이해하기 힘들었다. 그런 개똥이를 보고 아버지는 빙그레 웃을 뿐이었다.

창고를 이곳저곳 뒤졌지만 약장은 거의 텅 비어 있었다. 남은 것은 감국뿐이었다. 바닥까지 긁어모으니 겨우 한 줌이었다. 개똥이는 그것으로 탕약을 달였다. 어머니에게는 걱정되더라도 갓난쟁이 동생과 건넛방에서 절대 나오지 말라고 신신 당부했다.

저녁이 되어서야 아버지에게 탕약을 먹일 수 있었다. 아버지는 향으로 감국임을 알아채고 숨을 몰아쉬며 탕약을 마셨다. 개똥이는 밤새 아버지 곁을 지키며 열이 떨어지길 빌었다. 얼마나 시간이 흘렀을까. 깜빡 졸던 개똥이가 화들짝 놀라 깼다. 아버지는 식은땀을 흘리고 있었다. 이마를 짚어 보니 어제보다 더 뜨거웠다.

"개똥아. 쌍바윗골로 가 보아라. 이즈음 할미꽃이 피었을 게다. 그거라도……."

"할미꽃이라고요? 그건 독초잖아요!"

할미꽃은 아버지가 절대 손대지 말라는 독초였다. 사약을 만들 때도 쓰인다 했다.

"열을 내리는 데 그만한 게 없다. 독초도 때때로 약이 된다."

"나도 약초꾼 아들이에요. 할미꽃은 심장에 무리를 주잖아요. 아버지 심장병은 어쩌고요."

심장병이란 말을 하며 개똥이는 제 가슴팍을 두들겼다. 아버지는 가만히 개똥이를 바라보았다. 그리고 결심했다는 듯 말을 이었다.

"네 말이 맞다. 그 부작용 때문에 내 심장이 버티지 못할 수도 있다. 하지만 당장 열을 떨어뜨리지 않는다면……. 너는 영특한 아이니 알아들었을 게다."

더는 지체할 수 없었다. 쌍바윗골로 향하는 개똥이의 발걸음이 빨라졌다. 양지바른 곳에 할미꽃들이 고개를 떨구고 있었다. 아버지를 살릴 수도 죽일 수도 있는 꽃 앞에 개똥이는 무릎을 꿇었다. 그러고는 조심스레 할미꽃을 캐냈다.

집으로 돌아가는 길, 개똥이는 부러 서낭당 앞길로 내려와 돌탑에 돌 하나를 올려놓고 간절히 빌었다.

'제발, 제발 이 약을 먹었을 때 아버지 심장에 탈이 나지 않고, 열만 내리게 해 주세요. 그리고 이다음에 제가 진짜 약초꾼이 되었을 때 부작용 없이 병증만 치료하는 방법을 꼭 찾게 해 주세요.'

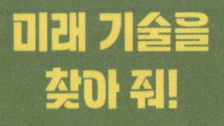

나노 기술 사용 설명서

작지만 강하고 정확한 물질을 만드는
나노 기술을 아시나요?

나노 기술을 소개합니다

▶ 작게, 더 작게 만드는 나노 기술 ◀

개똥이가 애타게 찾는 안전한 약을 만들 방법은 '나노'에 있어. 나노는 아주 작은 세계야. 머리카락 한 가닥을 10만 개로 쪼갠 것만큼 작고, 핏속에 있는 적혈구보다 1,000배나 작아. 이 크기를 나노미터(nm)라고 불러.

그리고 나노미터의 작은 세계를 연구하는 게 바로 나노 과학이야. 나노 과학으로 생활에 필요한 물건이나 기술을 개발하는 것을 나노 기술이라고 불러. 이 나노 기술을 통해 개똥이 아버지를 살릴 약을 만들 수 있어.

나노 기술의 비밀은 '원자'와 '분자'가 쥐고 있어. 더는 쪼갤 수 없는 나노미터 크기의 가장 작은 알갱이를 원자라고 해. 그리고 원자가 두 개 이상 결합하면 분자가 돼. 분자는 물질의 원래 성질을 가지고 있는 가장 작은 단위의 입자야. 원자와 분자는 세상 모든 것을 이루는 가장 기본적인 물질이지.

연필심

다이아몬드

예를 들어, 연필심과 숯, 다이아몬드는 모두 탄소라는 원자로 이뤄져 있어. 단지 원자들이 결합한 구조가 다를 뿐이야. 더 중요한 사실은 원자의 구조를 바꾸면 전혀 다른 물질을 만들 수 있다는 거야. 연필심과 다이아몬드는 같은 탄소 원자로 이루어져 있는데, 이 구조만 바꾸면 연필심으로 다이아몬드를 만들 수 있다는 거지.

그럼 나노 기술을 약에 적용하면 어떨까? 개똥이 아버지를 위해 할미꽃에서 꼭 필요한 성분만 골라 약을 만든 뒤, 그 약을 치료하고 싶은 부위로 보내는 거야. 그럼 개똥이 아버지의 심장에 부작용이 생길 걱정도 없을 거야.

짚고 가기

나노 세계를 발견한 현미경

나노 세계를 발견하게 된 건 모두 전자 현미경 덕분이야. 전자 현미경은 물체에 전자를 쏘아서 물체의 모습을 알아내. 여기서 한 단계 더 발전한 게 원자 현미경이지. 원자 현미경은 원자가 배열된 구조를 관찰하는 도구야.

 전자 현미경과 달리 원자 현미경은 원자를 이동시킬 수 있어. 원자 현미경에 달린 뾰족한 침을 이용해 원자를 원하는 위치로 옮기는 거야. 이렇게 원자나 분자의 구조를 바꾸면 전혀 다른 물질을 만들 수 있어. 원자 현미경이 없었다면 나노 기술은 발전할 수 없었을 거야.

▶ 암세포만 공격하는 기적의 나노 의학! ◀

 나노 기술은 의학 분야에서 기적적인 성과를 내고 있어. 부작용 없이 질병을 치료하는 방법으로 주목받고 있지. 나노 크기의 입자에 치료제를 넣어 아픈 곳에 정확히 전달시키면 몸의 다른 부위에 미치는 영향을 줄일 수 있거든.

 인류를 괴롭히는 암을 치료할 때 쓰는 항암제는 부작용이 어마어마해. 약이 전신에 영향을 미치기 때문에 머리카락이 빠진다든지, 심한 메스꺼움이 올 수 있어. 이런 부작용을 줄이기 위해 나노 의학의 힘을 이용하고 있어. 나노 크기의 입자에 항암제 성분을 담아 암세포만 공격하는 거야. 그러면 정확히 암세포에만 약물이 전달되어 부작용도 훨씬 줄어들어.

 몸속에 넣는 나노 크기의 로봇, 나노봇도 연구 중이야. 로봇이라고 해서 팔다리로 움직이는 로봇을 떠올리면 안 돼. 나노 로봇은 몸속에서 녹는 물질로 만들거든. 나노봇은 문제가 되는 세포를 향해 직접 움직이

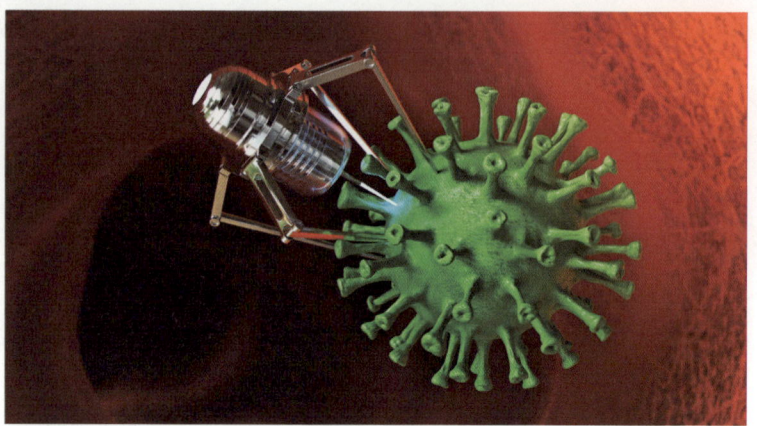

몸속에서 바이러스를 공격하는 나노봇

는데, 목적지에 도착하면 터지면서 치료제를 내보내지. 한국마이크로의료로봇연구원은 암을 진단하고, 치료까지 할 수 있는 나노봇을 개발했어. 이 로봇을 통해 실시간으로 암을 치료하는 과정까지 볼 수 있대. 세포 실험과 동물 실험에서도 잘 작동했다고 하니, 곧 사람도 나노봇으로 치료할 수 있을 거야.

▶ 우리 집에 숨어 있는 나노 기술들 ◀

집에도 나노 기술이 숨어 있어. 먼저 엄마 화장대 위를 살펴볼까? 화장품에는 피부를 촉촉하게 해 주거나 주름이나 기미를 없애 주는 특별한 성분이 들어 있어. 이런 성분을 피부 속까지 전달하면 효과가 더욱 높아져. 그래서 나노미터 크기의 캡슐에 이런 성분을 넣지. 덕분에 영양분이 피부 속으로 잘 흡수돼.

방수 천의 미세한 돌기

   옷장에도 나노 기술이 있어. 등산복처럼 방수 기능이 있는 옷은 연잎 표면의 나노미터 크기의 돌기에서 힌트를 얻어 만든 거야. 이 돌기들은 연잎 표면이 물에 젖지 않게 막아 주지. 섬유에도 이런 나노 크기 물질로 보푸라기를 만들었더니 물에 젖지 않는 천이 탄생했어.

   은을 나노 크기로 잘라 만든 은나노는 우리 주변에서 가장 많이 쓰이는 나노 기술이야. 물질의 크기가 작아지면 표면적이 넓어지면서 외부의 나쁜 물질을 끌어안아 더 효과적으로 없앨 수 있어. 은나노의 살균 및 항균 능력이 뛰어난 건 이 때문이야. 세탁기, 청소기, 공기 청정기, 에어컨에도 은나노가 사용되고 있어.

   하지만 아직 나노 세계에는 밝혀지지 않은 것이 너무 많아. 그리고 적용할 수 있는 분야가 다양하기 때문에 나노 기술의 발전 가능성은 무궁무진해.

나노 기술은 과연 완벽할까?

나노 기술이 가진 위험성

나노 기술은 아주 작기 때문에 특별하지만, 작아서 문제가 될 수도 있어. 나노 기술은 여러 분야에서 활발히 사용되지만, 위험성에 대한 연구를 시작한 지 얼마 되지 않았거든.

미항공우주국(NASA) 과학자들이 쥐의 폐에 나노 크기의 물질인 탄소 나노 튜브를 넣는 실험을 한 적이 있었어. 그런데 쥐들은 얼마 되지 않아 질식해 죽었어. 탄소 나노 튜브의 크기가 너무 작아서 폐 깊숙이 들어가 버리는 바람에 폐 세포가 손상된 거야.

나노 크기의 물질은 너무 작아서 우리 몸 어디든 갈 수 있어. 나노 입자는 미세 먼지보다 크기가 작아. 쥐의 코로 들어간 탄소 나노 튜브가 뇌에서 발견되기도 했어. 나노 기술 화장품 속 성분도 피부를 벗어나 우리 몸의 다른 세포에 들어갈 가능성이 있어. 더 위험한 점은 나노 입자가 너무 작아서 일단 몸속에 들어가면 빼낼 수 없다는 거야. 또 의료용 나노봇이 고장 나 정상 세포를 공격한다면 생명이 위험해질 수도 있어.

나노 기술은 하루가 다르게 발전하고 있지만, 그 위험성에 대해 밝혀진 사실은 너무 적지. 어떤 기술이든 개발 단계에서 안전성에 대해 꼭 검토해 봐야 하는데 말이야. 다행히 미국과 영국 등에서 나노 기술의 문제에 대해 적극적으로 연구하기 시작했어.

탄소 나노 튜브란 무엇일까?

탄소 나노 튜브는 탄소 원자가 원통 모양으로 배열된 나노 구조 물질이야. 탄소 원자 6개가 만든 육각형들이 서로 연결돼 속이 빈 튜브 모양을 이루기 때문에 탄소 나노 튜브라고 불러. 크기는 사람 머리카락의 10만 분의 1 정도지만 엄청난 잠재력을 지닌 물질이야. 강철보다 단단하고 유연한 데다가, 구리보다 전기가 더 잘 통하고 열 전달력도 높지. 여러 분야에 활용할 수 있지만, 특히 반도체, 배터리, 디스플레이의 소재로 각광받고 있어. 이처럼 탄소 나노 튜브는 활용 가치가 높은 신소재야.

분말 형태의 탄소 나노 튜브

나노 기술의 미래는?

⇒ 나노 기술로 만들어 낼 투명 망토 ⇐

『해리 포터』에 나오는 신기한 투명 망토 기억나니? 마법 같은 일이 나노 기술을 통해 실현되고 있어. 미국 캘리포니아 대학교 연구원에서 진짜 투명 망토를 개발했거든.

투명 망토에 대해 이해하려면 우리가 어떻게 사물을 보는지 알아야 해. 우리는 어떤 물건을 볼 때 그 물건 자체가 아닌, 물건에 반사된 빛을 인식해. 그럼 투명 망토는 어떻게 우리 눈을 속이는 걸까? 비밀은 빛의 굴절에 있어.

물속에 막대를 넣고 보면 수면을 경계로 약간 휘어 보이지? 이것은 빛이 물질의 경계에서 꺾이는 굴절 현상 때문이야. 투명 망토 역시 물처럼 빛을 크게 굴절시켜 물체에 빛이 닿지 않게 해. 그러면 물체에 반사되는 빛이 사라지기 때문에 그 물체를 보지 못하게 되지.

빛을 굴절시키는 투명 망토의 천은 종이보다 10배나 얇아. 오직 나노 기술로만 만들 수 있지. 하지만 너무 얇아서 쉽게 찢어진다는 단점이 있어. 결국 영화 속에 나오는 것처럼 완벽한 투명 망토는 아직 개발되지 않은 거야. 그렇지만 상상을 현실로 만들기 위한 도전은 지금도 계속되고 있어.

미래 기술 더 생각해 보기

나노 기술로
인간의 뇌를 만든다고?

우리는 실험실에서 '미니 뇌'를 만드는 시대에 살게 됐어. 맞아. 우리 머릿속에 있는 그 뇌 말이야! 2021년 8월, 우리나라의 기초 과학연구원에서 뇌를 만드는 데 성공했어. 이전에도 '뇌 오가노이드'라는 실험용 미니 뇌가 있었어. 뇌 오가노이드의 발달 정도는 태아 수준이었어. 하지만 이번에 만든 뇌는 신생아 수준에 가까워. 인간의 뇌와 더욱 가까워졌다는 말이야.

미니 뇌를 만드는 실험이 성공한 것은 나노 기술 덕분이야. 이전에는 세포를 뇌로 발달시키는 과정에서 산소나 영양분이 뇌의 중심부까지 공급되지 않아 매번 실패했어. 하지만 나노 기술로 뇌의 중심부까지 산소와 배양액을 효과적으로 공급하면서 실험이 성공했지.

이 실험의 성공을 반기는 사람은 미니 뇌가 뇌 질환을 치료하는 데 큰 도움이 될 거라고 생각해. 살아 있는 사람에게 할 수 없는 실험을 미니 뇌로 대신할 수 있으니까 말야. 인간의 뇌와 가까운 뇌를 만들려는 이유도 이 때문이야.

하지만 생각해 봐. 뇌를 만든다는 것은 곧 인간이 인간을 만드는 셈이야. 그래서 미니 뇌 실험을 반대하는 사람도 많아. 기술의 발전이 무조건 좋은 것만은 아니란 걸 항상 명심해.

미션 7
세상에서 가장 튼튼한 다리를 만들어라

    철웅이, 덕칠이, 순목이는 동네에서 알아주는 배꼽 친구다. 어깨동무하듯 나란히 늘어선 세 집에서 같은 해에 사내아이가 하나씩 태어났다. 아이들은 시시때때로 세 집을 돌며 밥도 같이 먹고, 잠도 같이 잤다. 물론 말썽을 부릴 때도 셋이 함께였다. 부모만 다를 뿐 피를 나눈 형제나 다름없었다. 셋은 나중에 다 같이 포졸이 되자며 굳게 약속을 했다.

    그날도 심심했던 아이들은 토끼 사냥을 나갔다. 평소처럼 철웅이와 덕칠이가 토끼를 몰아가면, 순목이가 위쪽 길목을 지키다가 토끼를 덮칠 계획이었다. 순목이는 산비탈 절벽 아래에 자리를 잡았다. 날쌘 토끼도 돌무더기에는 숨지 못할 것 같았다. 순목이가 신호를 보내자 철웅이와 덕칠이가 막대기를 휘휘 휘두르며 토끼를 몰았다.

후득후득. 풀이 흔들리더니 회색 토끼 한 마리가 튀어 올랐다. 순목이를 놀리듯 토끼가 가랑이 사이로 빠져나갔다. 순목이는 토끼를 따라 절벽으로 달렸다.

그때였다. 쿠르릉쿠르릉 소리와 함께 바위가 우수수 쏟아져 내렸다. 순간적으로 순목이는 머리를 감쌌다. 소리가 잦아들고, 이제 괜찮은 걸까 싶어 고개를 든 순간이었다. 날카로운 바위 하나가 순목이의 오른 다리 위로 정확히 떨어졌다.

"아아악!"

순목이의 외마디 비명이 산중에 메아리쳤다.

얼마나 시간이 지났을까. 순목이는 엄청난 통증을 느끼며 눈을 떴다. 어머니가 깨어난 순목이를 힘껏 안아 주었다. 그러고는 계속 "괜찮다, 살아왔으니 다 괜찮아"라는 말만 되풀이했다.

왠지 기분이 이상했다. 발치가 허전했다. 순목이는 바들바들 떨며 이불을 들추었다. 오른 다리, 정강이 아래 오른 다리가 없었다. 순목이는 꺼이꺼이 우는 것밖에는 할 수 없었다.

해가 지나고 순목이의 통증도 점점 잦아들었다. 마냥 누워 지낼 수만은 없었다. 곁에서 돌봐 주던 어머니는 밭일을 나가야 했고, 아버지도 농사로 바빠졌다. 순목이는 집안일이라도 도와야겠다고 생각했다. 그러려면 걷는 연습부터 해야 했다.

마루에 걸터앉아 아버지가 직접 깎아 주신 지팡이를 손에 쥐었다. 왼발을 딛고 난 뒤, 오른손에 든 지팡이를 앞으로 내밀었다. 힘줄이 튀어나올 정도로 손에 힘을 주며 지팡이에 체중을 실었다. 그러나 몸이 기우뚱하는가 싶더니 그대로 고꾸라졌다. 지팡이는 저만치 나동그라졌다. 때마침 철웅이와 덕칠이가 찾아왔다.

"순목아! 괜찮아?"

"이거 '의족'이란 건데, 꼭 발처럼 생겼지? 이것만 있으면 걷는 게 편하다더라."

순목이는 친구들이 구해 온 나무 의족을 다리에 끼웠다. 부축을 받으며 걸음마를 처음 배우듯 한 걸음씩 내디뎠다. 셋이 함께하니 든든했다. 마당을 따라 두 바퀴쯤 걷고 나니 용기가 생겼다. 마침내 순목이가 의족으로 혼자 걸음을 뗐다. 셋은 기쁜 마음에 얼싸안았다.

걷는 데 익숙해졌으니 이번엔 집안일을 거들기로 했다. 밭일 나간 어머니 대신 나무를 해다 군불을 지펴 놓을 생각이었다. 나무를 하러 자주 갔던 뒷산은 높지 않지만 풀이 무성했고, 그 아래로 돌과 나무 넝쿨이 숨어 있었다.

순목이는 최대한 조심조심 움직였다. 하지만 나무뿌리에 걸려 자꾸만 자빠졌다. 또 한 번은 돌부리에 걸려 앞으로 고꾸라졌다. 그렇게 여섯 번을 내리구르고 나서야 지게 가득 나무를 할 수 있었다.

집에 도착한 순목이는 부엌 아궁이 앞에 털썩 주저앉았다. 하던 대로 불을 피우고 나니 솔솔 졸음이 몰려왔다. 나무를 하는 동안 긴장했던 몸이 풀린 모양이었다. 순목이는 자기도 모르게 꾸벅꾸벅 졸았다.

"앗, 차가!"

달게 졸던 순목이에게 난데없이 물벼락이 쏟아졌다. 언제 왔는지 철웅이와 덕칠이가 눈앞에 서 있었다. 아이들의 손에는 물바가지가 들려 있었다.

"너희, 무슨 짓이야?"

"그게 아니고. 네 다리, 아니 의족이 타고 있어서……."

그제야 순목이는 오른 다리를 내려다보았다. 아궁이의 불이 나무 의족에 옮겨붙어 이미 절반 정도가 타 버렸다. 친구들이 아니었다면 어떤 사달이 났을지 몰랐다.

순목이의 얼굴이 울상이 되었다. 철웅이는 얼른 손에 쥔 것을 내밀었다. 쇠로 두툼하게 만든 모양새가 처음 보는 것이었다.

"대장장이 최 씨 아저씨를 졸라서 만든 '쇠 다리'야. 나무처럼 타지도 않고, 부러질 염려도 없으니 더 나을 거야. 순목아, 이거 하고 우리 셋이 같이 포졸 하는 거다?"

순목은 얼른 불에 탄 나무 의족을 빼고, 쇠 의족을 해 보았다. 쇠는 차갑고 묵직했다. 묘하게 기분이 별로였다. 하지만 기대에 찬 눈으로 자신을 바라보는 친구들을 위해서라도 아무렇지 않은 척해야 했다. 그러나 한 걸음 내딛는 순간 순목이는 뭔가 잘못되었음을 느꼈다. 쇠 의족을 끼운 발은 들리지 않았고, 다리는 쇠에 짓눌려 고통스러웠다.

'나무처럼 가벼우면서 쇠처럼 단단한 의족은 없겠지? 이런 다리로는 절대 포졸이 될 수 없을 거야. 미안하다, 친구들아.'

순목은 속마음을 숨기고 애써 미소를 지어 보였다.

"철웅아, 덕칠아, 이거 너무 좋다. 고마워……."

철웅과 덕칠은 질질 끌리는 순목이의 쇠 의족을 보며 말을 잇지 못했다. 두 아이는 조선 팔도를 다 뒤져서라도 순목이에게 더 나은 의족을 찾아 주리라 굳게 다짐했다.

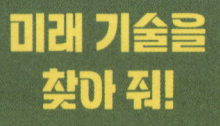

실처럼 가볍고, 철보다 단단해요!

탄소 섬유를 소개합니다

▶ 강철보다 10배 단단한 신소재 ◀

　탄소 섬유란 말 그대로 탄소로 이루어진 실을 말해. 영어로 '카본 파이버' 혹은 '카본'이라고 부르기도 해. 주변에 이렇게 적힌 물건을 보면 '탄소 섬유로 만들었구나' 하고 생각하면 돼.

　탄소 섬유는 머리카락의 수십 분의 1 굵기의 가늘고 까만 실이야. 이 실 안에는 탄소가 92퍼센트나 함유되어 있어. 무척 가는 실인데 엄청난 힘을 가지고 있지. 무게는 강철의 4분의 1 정도로 가볍지만 10배나 단단해. 그러면서도 탄성은 6배나 뛰어나기 때문에 충격을 잘 흡수해. 화학 물질에 잘 부식되지 않는다는 강점도 있지.

　강철은 1,300도의 온도에서 녹지만 탄소 섬유는 무려 3,000도까지 거뜬히 견딜 수 있어. 그래서 탄소 섬유로 의족을 만들더라도 나무처럼 타지 않을 거야. 더구나 강철처럼 무겁지도 않아. 그러니 순목이에게는 탄소 섬유로 만든 의족이 꼭 필요해.

탄소와 섬유가 어떤 식으로 만나는 걸까?

우리가 알고 있는 섬유는 보통 면, 비단, 양모, 아크릴이지. 그럼 탄소 섬유는 이 섬유들과 어떻게 다를까? 차이점을 알려면 우선 탄소에 대해 알아야 해.

세상의 모든 생명체에는 탄소가 있어. 우리 몸속에 가장 많은 원소가 산소고, 두 번째로 많은 원소가 탄소야. 그럼 탄소로만 만들어진 물질도 있냐고? 필통을 열어 봐. 까만 연필심은 탄소로만 이루어져 있어. 숯도 다이아몬드도 마찬가지지.

이제 섬유와 탄소가 어떻게 만나는지 알아볼까? 먼저 탄소 섬유의 원료가 되는 화학 섬유가 필요해. 이 화학 섬유에 여러 번 열과 압력을 가해서 맨 마지막에 탄소만 남기고 태우면 탄소 섬유가 돼. 이 과정에서 다른 성분이 다 사라져서 무척 가벼워져.

탄소 섬유로 만든 원단

🔸 가볍고 절대 녹슬지 않는 탄소 섬유 의족 🔸

　의족의 역사는 생각보다 오래됐어. 기원전 300년에 쓰던 고대 로마 시대의 의족이 발견되었고, 잦은 전쟁으로 팔다리를 잃은 사람이 많았던 중세 유럽에서도 의족 기술이 발달했지. 우리나라에도 의족이 있었어. 백성을 위한 복지 정책을 가장 많이 펼쳤던 세종대왕은 장애인에게 의족과 의수를 만들어 나눠 주었다고 해. 이때의 의족은 주로 나무로 만들었어. 하지만 나무는 불에 타기 쉽다는 단점이 있어.
　이후에는 철웅이와 덕칠이처럼 철이나 스테인리스로 의족을 만들었지. 단단하고 불에 탈 염려가 없거든. 하지만 쇠 의족은 무겁고 녹이 잘 슬어. 순목이도 쇠로 된 의족이 무거워서 제대로 걷지 못했던 것처럼 말이야. 그럼 오늘날의 의족은 어떨까? 지금은 탄소 섬유나 티타늄과 같은 소재로 의족을 만들어. 탄소 섬유 의족은 가볍고, 오래 사용해도 전혀 닳거나 녹슬지 않아. 불에 강한 건 두말하면 잔소리지.
　또 탄소 섬유의 높은 탄성은 근육의 역할을 해 줘. 사람은 걸을 때 발로 먼저 땅을 디디고, 땅을 다시 박차면서 앞으로 나가지. 이때 근육의 탄성이 충격을 흡수해야 걷기 쉬워. 탄소 섬유는 철보다 탄성이 좋기 때문에 나무나 철 의족보다 걷거나 뛰는 게 훨씬 자연스러울 수 있어.

🔸 탄소 섬유로 만든 물건들 🔸

　올림픽에서 멀리 떨어진 과녁을 향해 활시위를 당기던 양궁 선수의 모습 기억하니? 여러 스포츠 중 양궁은 탄소 섬유와 밀접한 관련이 있어. 탄소 소재로 만든 활과 화살은 선수들이 실력을 발휘하도록 도와줘. 탄소 섬유로 만든 활은 탄성이 좋고 화살은 가볍고 단단하기 때문이야. 활과 화살 말고도 골프채, 스노보드, 서프보드, 낚싯대 역시 탄소 섬유를 이용해 만들어. 우리가 타는 자전거도 마찬가지야.

항공기에도 탄소 섬유가 꼭 필요해. 하늘을 나는 항공기의 무게가 가벼우면 연료를 덜 쓰니 효율적이겠지. 같은 이유로 자동차나 기차에도 탄소 섬유를 써. 풍력 발전기에 있는 커다란 회전 날개와 부품에도 탄소 기술을 적용할 수 있어. 같은 세기의 바람이 불어도 풍력 발전기 날개가 가벼우니 더 많이 돌아가는 거야. 그럼 전기 생산량을 15배까지 끌어올릴 수 있어. 또한 탄소 섬유는 잘 녹슬지 않기 때문에 건물을 지을 때도 널리 쓰이고 있어. 건물 안팎의 벽이나 파이프, 보강재를 탄소 섬유로 만들면 오래오래 쓸 수 있겠지?

게다가 의료 분야에도 탄소 섬유가 활용돼. 탄소 섬유는 사람의 몸에 이식해도 거부 반응이 없어. 그래서 탄소 섬유로 인공 뼈나 장기를 만들려는 연구가 한창 진행 중이야.

탄소 섬유 활

낚싯대

짚고가기

전구 만들다 탄소 섬유까지 만들어 버린 과학자

1879년 미국의 한 연구소에서 누군가 연구에 몰두하고 있었어. 그는 여러 물질을 불에 그을리는 실험을 하고 있었지. 아흔아홉 번을 실패하고 백 번째였을까. 이번엔 얇은 대나무 조각을 불에 그을려 봤어. 그랬더니 대나무 속 섬유 물질인 셀룰로스가 타 버리고 까만 성분만 남았어. 이게 바로 탄소 섬유였어.

눈치챘을지 모르겠지만 이 사람은 발명왕 에디슨이야. 이날 에디슨은 전구에 들어갈 필라멘트(백열전구 내부의 전류가 통하는 실처럼 가는 금속 선)를 만들고 있었어. 필라멘트를 만들면서 탄소 섬유까지 개발한 거지. 에디슨이 포기하지 않은 덕에 우리는 전구의 빛도, 탄소 섬유라는 유용한 신소재도 이용할 수 있게 됐어. 에디슨 박사에게 더 감사해야 할 것 같지?

탄소 섬유는 완벽할까?

▶ 가격도 비싼데 재활용도 못 한다고? ◀

완벽할 것만 같은 탄소 섬유에게도 단점이 있어. 만들기도 힘들고 만드는 과정에서 많은 에너지가 들어가기 때문에 가격이 비싸. 그렇기 때문에 10여 년 전만 해도 운동 장비나 항공기, 우주 왕복선 등에만 주로 사용했어. 하지만 전 세계 여러 기업이 탄소 섬유 개발에 참여하면서 점점 가격이 저렴해지고 있어.

또 철이나 알루미늄과 달리 재활용이 안 된다는 점도 아쉬워. 강력한 충격을 받으면 부러져 버리는 것도 탄소 섬유의 단점이야. 이렇게 손상된 탄소 섬유 장비는 고칠 수가 없어. 전체를 바꿔야 해. 이런 점도 과학자들이 해결해야 할 숙제야.

탄소 섬유의 미래는?

▶ 환경을 보호하는 탄소 섬유 ◀

지구 온난화 때문에 여러 나라에서 탄소 배출량을 줄이려고 노력하고 있어. 반가운 소식은 탄소 섬유가 탄소 배출을 줄여 준다는 거야. 원리는 간단해. 탄소 섬유로 자동차를 만들면 차 무게가 확 줄겠지? 그러면 훨씬 적은 연료로 더 많은 거리를 갈 수 있어. 자연스럽게 탄소 배출량도 줄어들어.

화석 연료를 쓰지 않는 친환경 자동차도 탄소 배출을 줄여 줘. 수소를 연료로 달리는 수소 자동차는 미래의 친환경 자동차로 주목받고 있어. 그런데 중요한 사실은 탄소 섬유 없이 수소 자동차를 만들 수 없다는 점이야. 수소는 연료 탱크에 담기 힘들 정도로 가볍고 불안정해. 이

때 탄소 섬유로 연료 탱크를 촘촘히 감아 놓으면 말이 달라져. 탄소 섬유는 높은 압력과 열에 강하고, 탄성이 좋아 부피가 팽창해도 잘 견딜 수 있기 때문에 연료 탱크가 폭발하는 걸 막아 주거든. 환경은 물론 안전을 위해서도 탄소 섬유가 필요하다는 사실, 꼭 기억해.

탄소 섬유를 넘어 그래핀 시대로!

미래에는 어느 나라가 신소재 기술을 선점하는지가 중요한 문제가 될 거야. 지금도 신소재 개발을 위한 연구가 활발히 진행되고 있어. 최근에는 잘 부러지는 탄소 섬유의 문제를 보완한 그래핀 탄소 섬유가 개발되었어. 이 탄소 섬유의 핵심은 그래핀이라는 물질이야.

흑연은 탄소 입자가 층층이 쌓여 있는 구조인데, 이 층 하나를 그래핀이라고 불러. 탄소로만 되어 있다는 점에서 탄소 섬유와 친척뻘인 물

그래핀의 구조

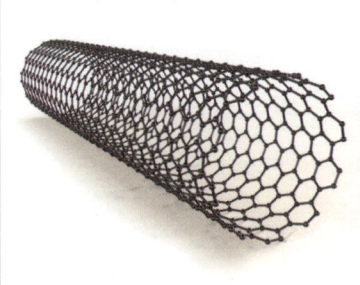
그래핀을 말아 만든 탄소 나노 튜브

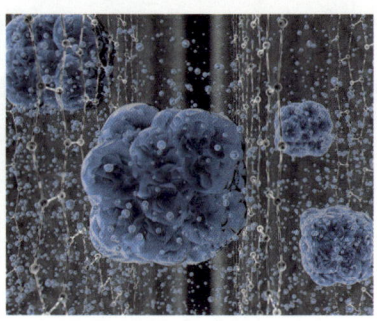
바닷물을 식수로 바꾸는 그래핀 분리막

잘 휘어지는 그래핀의 특성을 다양한 분야에 활용할 수 있다

질이지. 그래핀은 머리카락보다 훨씬 얇지만 강철보다 200배 이상 강하고, 잘 늘어나서 접고 휘어도 성질이 변하지 않아. 이런 특징을 가진 그래핀으로 탄소 섬유를 만들 수 있어.

또 그래핀은 구리보다 전기가 100배 이상 잘 통해. 반도체에 주로 쓰이는 실리콘보다 전자의 이동이 100배 이상 빠르지. 게다가 투명해서 빛을 잘 통과시켜. 이런 성질 때문에 그래핀은 반도체, 전자 회로, LED, 태양 전지 등 다양한 소재로 활용할 수 있어.

미래 기술 더 생각해 보기

탄소 섬유 의족은 기술적 반칙일까, 선수의 실력일까?

　남아프리카 공화국의 오스카 피스토리우스는 태어날 때부터 두 다리가 없었어. 하지만 어렸을 때부터 의족을 끼고 운동해 뛰어난 육상 선수가 되었어. 그는 2012년에 패럴림픽 말고도 비장애인 올림픽에 나가 일반 선수들과도 실력을 겨루고자 했어. 하지만 문제가 있었어. 바로 탄소 섬유로 만든 의족 때문이었지.

　올림픽에는 '의족과 같은 보조 장치가 기록에 영향을 주지 않아야 한다'는 규정이 있어. 그래서 사람들은 피스토리우스가 탄소 섬유로 만든 의족 때문에 더 빨리 뛴다고 판단했어. 피스토리우스는 의족이 비장애인의 신발 같은 거라며 억울해했지. 결국 피스토리우스는 비장애인 올림픽에 출전할 수 있었어.

　그러나 2016년에는 사정이 달라졌어. 의족을 한 독일의 멀리뛰기 선수, 마르쿠스 렘도 리우 올림픽에서 비장애인 올림픽에 출전하고 싶어 했지만 그럴 수 없었어. 사람들이 이번엔 탄소 섬유의 탄성이 도움닫기에 영향을 줄 수 있다고 생각했거든.

　2020년 도쿄 올림픽에서도 마찬가지였어. 미국의 육상 선수 블레이크 리퍼 역시 올림픽에 출전할 수 없었어. 이처럼 스포츠에서 탄소 섬유는 논란의 중심에 있어. 작은 기술의 차이가 메달의 색을 바꿀 수 있기 때문이지.

미션 8
자유자재로 오갈 수 있는 서당을 만들어라

"칼 검(劍), 이름 호(號), 클 거(巨)······. 아, 이 글자가 뭐였지?"

겸이는 머리를 긁적였다. 늘 막히던 부분이었다. 훈장님에게 몇 번이나 혼이 났지만 도통 이 글자는 외워지지 않았다. 같이 공부하던 만수라도 있었다면 뛰어가서 물어봤을 텐데 그럴 수도 없었다.

농사지을 땅이 없던 겸이네는 늘 가난했다. 고심 끝에 아버지는 산의 나무를 불사르고 그 땅에 농사를 짓는 화전이라도 하자고 했다. 그래서 겸이네는 두 달 전 산중으로 이사했다.

내색은 하지 않았지만 겸이는 정든 마을을 떠나는 것이 내심 서운했다. 무엇보다도 서당에 다닐 수 없어 슬펐다. 글공부를 그만두어야 하는 것도, 가장 친한 친구 만수와 만날 수 없는 것도 서글펐다. 헤어지기 아쉬운 겸이와 만수는 서로 글공부를 더 해 편지를 하자고 약속했다.

친구 생각에 울적해진 겸이는 밖으로 나왔다. 아버지가 막 장터로 떠날 채비를 하고 있었다. 첩첩산중이라 필요한 물건을 구하려면 장터에 가야 했다.

"겸이야, 마을에 다녀올 참인데 혹시 필요한 게 있느냐?"

그때 겸이의 머리에 어떤 생각이 번뜩였다.

"아버지, 제 친구 만수에게 이게 무슨 글자인지 좀 물어봐 주세요."

겸이는 후딱 글자를 써서 아버지에게 드렸다. 아버지는 글자를 받아 들고는 기특하다는 듯 껄껄 웃었다.

겸이는 아버지를 기다리다 까무룩 잠이 들었다. 스르륵 눈을 감으니 겸이는 한달음에 서당에 와 있었다. 마당에 훈장님과 동무들이 글자를 읊는 소리가 쩌렁쩌렁 울려 퍼졌다. 이 얼마나 그리워하던 소리인지. 겸이는 얼른 만수 옆에 앉았다. 만수는 씩 웃으며 보던 책을 겸이 앞으로 밀어 주었다. 신기하게 한자가 술술 읽혔다.

"겸아, 이 글자를 읽고 무슨 뜻인지 말해 보아라."

그때 훈장님이 겸이를 불렀다. 훈장님은 한 글자를 가리키며 읽어 보라 했다. 며칠째 읽지 못하는 바로 그 글자였다. 글자 앞에서 겸이는 식은땀이 삐질삐질 났다. 훈장님의 표정이 점점 엄해졌다. 그때 만수가 작은 소리로 무어라고 말했다. 겸이는 만수의 말을 들으려고 귀를 쫑긋 세웠지만 잘 들리지 않았다.

"음냐, 음냐. 만수야, 뭐라고? 응?"

"무슨 꿈을 꾸길래 잠꼬대까지 해."

아버지 목소리에 겸이가 눈을 번쩍 떴다. 장에서 돌아온 아버지가 짐을 풀고 있었다. 겸이는 조금 전 일이 꿈이란 걸 알았다. 너무 생생해서 아직도 동무들의 목소리가 들리는 것만 같았다. 머쓱해진 겸이가 아버지를 도우러 나왔다.

"아버지, 만수가 뭐라고 하던가요?"

겸이는 아버지 입을 뚫어져라 쳐다보았다.

"글씨 말이로구나. 그러니까 말이지. '대궁 구', 아니 '대중 궈'라고 했던가?"

눈을 가늘게 뜬 아버지가 고개를 갸웃거렸다. 그 뒤로 아버지는 '대충 궈' '대구 궁'이라고 했지만 모두 원하던 대답이 아니었다. 글을 배운 적 없는 아버지였기에 한 번 듣고 외우기는 힘들었을 터였다. 아버지는 실망한 겸이를 달래 주었다.

"미안하구나, 겸아. 다음에는 꼭 아버지와 같이 가자꾸나."

겸이는 다음 장날이 까마득하게 느껴졌다. 겸이는 동무들이 서당에서 무슨 공부를 하고, 어떤 놀이를 할까 궁금했다. 거기까지 생각이 미치자 갑자기 만수가 보고 싶어졌고, 호랑이 훈장님마저도 그리워졌다.

한 달이 훌쩍 흘렀다. 겸이는 아버지를 따라 장터로 향했다. 모르는 글자를 곧 알게 되리라는 기대와 만수를 만날 수 있을 거라는 기쁨 때문인지 발걸음이 가벼웠다.

꼬박 반나절을 걸어 예전에 살던 마을에 도착한 겸이는 주막에 짐을 풀자마자 만수네로 달려갔다. 때마침 만수도 마루에 걸터앉아 책을 뒤적이고 있었다.

"만수야! 나 왔어."

겸이와 만수는 얼싸안았다. 몇 달 못 봤을 뿐인데 꼭 몇 년은 못 본 것 같았다. 어떻게 지냈는지 두런두런 이야기를 나누다가 겸이가 천자문을 펼쳤다. 그러고는 막혔던 글자를 짚으며 만수에게 물었다. 만수는 단번에 글자를 알아봤다.

"대궐 궐(闕)이잖아. 지난번 너희 아버지가 물어본 글자구나?"

"맞다, 궐! 가까이만 있었으면 바로 물어봤을 텐데, 한 달이나 걸렸네."

마침내 궁금증이 풀렸지만 겸이는 하나도 기쁘지 않았다. 오히려 서당에 다니고 싶은 마음만 더 커졌다. 겸이는 만수에게 서당은 어떤지 이것저것 물었다. 만수는 천자문을 술술 읊어 나갔다. 겸이의 입이 딱 벌어졌다.

"나도 너처럼 서당에 다닐 수 없을까? 산중에는 서당도 없고, 같이 놀 친구도 없어."

겸이의 말에 만수는 무슨 말을 해야 할지 몰랐다. 고심 끝에 만수가 입을 뗐다.

"겸아, 오늘 나랑 밤새 글공부할래? 내가 아는 것 다 가르쳐 줄게."

"고마워. 그런데 또 잊어버리면 어쩌지? 지난번에는 너랑 서당에서 공부하는 꿈을 꿨는데 정말 생시 같더라. 눈만 감으면 보이는 꿈처럼 서당이 나타나는 세상이 온다면 얼마나 좋을까."

겸이와 만수는 안타까운 마음에 펼쳐 놓은 책만 매만졌다.

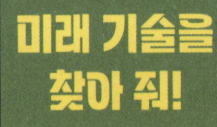

"메타버스를 이루는 한 부분이야.
사람들은 가상 세계에서 함께 일하고,
문화생활을 즐기고,
심지어 물건을 사고팔기도 해."

"가상 세계?
그건 어느 세계야?"

"우리 아빠 회사는
사무실을 없애고
가상 세계에 회사를 만들었어.
아빠 아바타도 있는데
꼭 게임 캐릭터 같더라."

가상 세계 사용 설명서

무엇이든 이루어지는
꿈같은 세계로 초대할게요

가상 세계를 소개합니다

▶ 상상이 현실이 되는 꿈같은 세계 ◀

영실이와 다윈이가 말한 '로블록스'를 해본 적 있니? 로블록스는 가상 공간에 레고 모양 아바타를 만들어서 하는 게임이야. 하지만 로블록스를 단순한 게임이라고 할 수만은 없어. 로블록스에서는 영웅처럼 모험을 즐기거나, 멋진 여행지의 리조트를 다녀오거나, 직접 차를 운전하는 등 내가 원하는 일이라면 뭐든 할 수 있어. 심지어 다른 아바타(사용자)와 대화하면서 친분을 쌓고, 내가 만든 게임을 파는 것도 가능해.

우리가 사는 현실 세계에서의 일이 로블록스 안에서도 똑같이 일어나. 그뿐만 아니라 상상만 하던 일들을 직접 해 볼 수도 있어. 산속에 사는 겸이가 만수와 서당에서 공부했던 것은 꿈이었지만, 로블록스에서라면 겸이도 아바타를 만들어 만수의 아바타와 같이 공부할 수 있을 거야.

로블록스와 같은 가상 공간을 '가상 세계'라고 불러. 모든 것이 가능한 상상의 세계야. 가상 세계에서는 순간 이동이나 시간 여행도 할 수

가상 현실에서 아바타로 소통하는 사람들

있어. 이곳에 여러 사용자가 함께 접속해 대화하고, 정보를 주고받거나 미션을 해결하면서 자신만의 재미를 찾지.

　겸이와 만수가 가상 세계에서 공부하면 무엇이 좋을까? 단순히 화면만 보고 공부하는 원격 수업과 가상 세계에서의 공부는 차원이 달라. 생생한 풍경을 구현하는 기술 덕분에 우주가 궁금하다면 우주로, 심해의 물고기가 보고 싶다면 태평양 바닷속으로 들어갈 수 있어. 그만큼 더 생생하게 배우고, 체험할 수 있어.

가상 세계가 메타버스라고?

가상 세계는 메타버스의 한 모습이야. 요즘 여러 책이나 영상, 뉴스에서 메타버스를 다루고 있어. 메타버스란 말은 '가상'이나 '초월'을 뜻하는 '메타(Meta)'란 말과 '세계' 혹은 '우주'란 의미의 '유니버스(Universe)'라는 두 단어를 합쳐 만든 말이야. '현실을 뛰어넘은 가상의 세계'라는 의미지.

사람들은 현실 세계에 살면서 시시때때로 메타버스에 접속해서 친구를 사귀고, 게임을 하고, 일도 해. 그래서 어떤 사람은 메타버스를 '새로운 행성' 혹은 '디지털 지구'라고도 불러.

⇒ 가상 세계를 진짜처럼 보이게 하는 기술들 ⇐

가상 세계가 생생하게 느껴지는 이유는 무엇일까? 가상 세계는 분명 만들어진 '가짜'야. 하지만 현실과 똑같은 환경을 만들어 놓으면 사람들은 가짜를 진짜라고 믿게 돼. 한마디로 가상 세계에 몰입하는 거지. 이런 몰입을 가능케 하는 대표적인 기술로는 가상 현실, 증강 현실, 혼합 현실이 있어.

가상 현실(VR, Virtual Reality)은 가상 공간에서 실제와 비슷한 체험을 하는 기술이야. VR 고글을 쓰고 3D 게임을 해 봤다면 가상 현실을 이미 경험해 본 거야.

가상 현실 VR 게임　　　　증강 현실을 통해 공부하는 아이들

　증강 현실(AR, Augmented Reality)은 현실 세계에 가상의 이미지를 더해서 보여 주는 기술이야. '포켓몬 고'라는 게임이 대표적인 예야. 포켓몬 고는 휴대폰으로 현실 모습을 촬영하다 포켓몬이란 캐릭터가 나타나면 잡는 게임이야. 이때 현실의 풍경에 포켓몬의 이미지가 겹쳐 나타나지.

　혼합 현실(MR, Mixed Reality)은 현실에 가상의 공간을 합쳐 만들었다는 점에서 증강 현실과 비슷해. 하지만 생생한 상호 작용을 한다는 점에서 증강 현실보다 한 단계 더 발전한 기술이야. 혼합 현실에서 가상의 고양이를 만났다고 해 볼까? 혼합 현실에서는 직접 손을 뻗어 고양이를 쓰다듬을 수 있어. 그리고 네 손길을 느낀 고양이는 '야옹'하고 울며 너한테 안기겠지. 이처럼 혼합 현실에서는 현실의 사용자와 가상 이미지가 서로의 행동에 영향을 줘.

　심지어 가상 현실과 증강 현실, 혼합 현실을 모두 합친 확장 현실(XR, eXtended Reality) 기술도 있어. 이런 복잡하고 다양한 기술이 모여 가상 세계를 더욱 생생하게 만들지. 지금 이 순간에도 가상 세계를 구현하는 기술은 계속 발전하고 있어.

가상 세계는 완벽할까?

과몰입 조심, 사이버 범죄는 더욱 조심!

가상 세계가 무조건 좋기만 할까? 가상 세계는 지금도 계속 발전하는 중이기 때문에 부족한 부분도 많아. 기술뿐만 아니라 윤리적 기준이나 법적인 제도도 아직 부족하지.

가상 세계에 너무 몰입해도 문제가 생겨. 포켓몬 고 게임의 경우, 게임에 열중한 사용자들이 운전 중에 사고를 내거나, 게임을 하다가 차도로 뛰어드는 일이 있었어. 이 때문에 사회적으로 큰 문제가 됐어. 지나친 몰입은 문제가 될 수 있으니 늘 조심해야 해.

또 로블록스에서 영국의 한 남자가 7~12세의 아이들에게만 접근해 성적인 이야기를 해서 문제가 되기도 했어. 법원에서는 이 남자에게 처벌을 내렸어. 이처럼 가상 세계에서의 범죄도 점점 늘어나고 있어. 게다가 가상 세계에서는 현실의 자신을 드러내지 않아도 되기 때문에 나쁜 일을 더 쉽게 저지를 수 있어. 이런 일을 방지하려면 가상 세계의 윤리적 기준이나 법률이 반드시 필요해.

어지럽고 토할 것 같은 '사이버 멀미'

　가상 세계를 체험하면서 어지럽고 토할 것 같았다면 사이버 멀미를 한 거야. 가상 세계에서 롤러코스터를 타는 체험을 한다면, 눈으로 보는 화면 때문에 우리 뇌는 진짜 롤러코스터를 탔다고 착각하게 돼. 하지만 실제 몸은 어떤 움직임도 느끼지 못하지. 눈으로 보는 정보와 귓속의 평형 감각 기관이 느끼는 정보가 다르면 머리가 어지러워져.

　가상 세계가 현실과 닮아 갈수록 사이버 멀미는 더 심해질 거야. 이런 부작용이 생기지 않도록 꾸준한 의학적 연구가 동시에 이뤄져야 해.

가상 세계의 미래는?

 가상 세계에서 공부하니 성적이 올랐어요!

　코로나19 상황이 지속되면서 가상 세계는 빠른 속도로 우리 일상에 스며들기 시작했어. 교육, 의료, 제조, 스포츠, 문화, 건축, 경제 등 어떤 분야에서든 가상 세계를 활용하고 있어.

　코로나19가 심각했던 2021년, 순천향대학교는 우리나라 최초로 가

161

상 세계에 대학교 캠퍼스를 만들어 입학식을 진행했어. 신입생들은 자신의 아바타를 만들어서 입학식에 참석했지. 학교에서는 선물로 학교 이름을 새긴 의상 아이템을 나눠 주었어. 비록 아바타지만 교수님을 만나고, 친구와도 인사를 나누는 재밌는 경험을 할 수 있었어.

캐나다 몬트리올에 있는 학교에서도 재미있는 일이 있었어. 코로나19로 수학여행이 취소되자 게임 속으로 가상 여행을 떠난 거야! 이 게임에는 역사 전문가가 만든 특별한 여행 모드가 있었거든. 게임 속 세계를 박물관처럼 돌아다니면서 고대 건물이나 문화재, 역사 등을 알아 갈 수 있도록 만들어 놓았지. 덕분에 학생들은 타임머신을 타야 갈 수 있는 고대 그리스로 수학여행을 떠날 수 있었어.

가상 세계에서의 교육이 주목받는 이유가 있어. 단순히 컴퓨터 화면을 보는 게 아니라 시각, 청각, 촉각 등 여러 감각을 이용하기 때문에 공부에 더 몰입할 수 있거든. 몰입감 덕분에 같은 내용을 공부하더라도 더 많은 내용을 기억할 수 있어. 실제로 학습 능력이 더 높아졌다는 연구 결과도 있어.

▶ 수술·공연·여행…… 가상 세계에서 일어나는 일들 ◀

가상 세계 기술은 의료 분야에서도 큰 도움이 되고 있어. 의사들은 수술 전에 환자의 상태를 미리 확인하고 수술을 연습해 볼 수 있어. 또 환자들은 수술 전에 가상 현실에서 자신이 받을 수술 과정을 미리 볼 수 있지. 아랍에미리트의 두바이에는 가상 세계에 만든 병원도 있어. 가

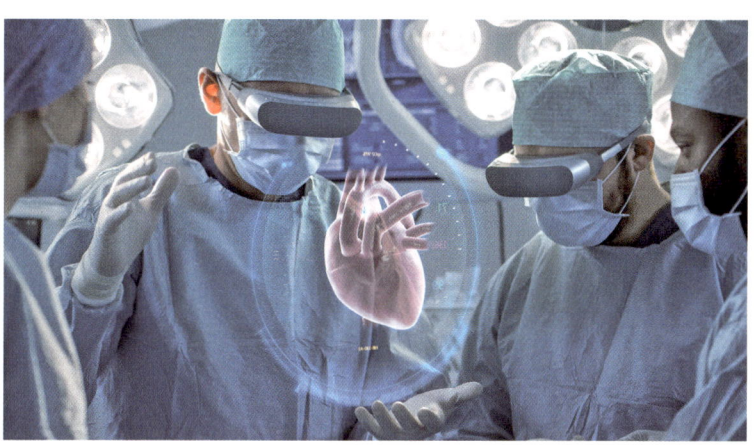

가상 현실로 수술을 연습하는 의사들

상 현실과 증강 현실 기술을 사용해 원격으로 의사와 상담할 수 있지.

　가상 세계 속 문화 공연은 무척 인기 있는 분야야. BTS가 신곡의 안무 영상을 최초로 공개한 곳은 '포트나이트'란 게임 속이었어. 이날 무려 1230만 명이 동시에 공연을 즐겼어. 팬들은 음악을 들으면서 가상 세계에서 춤도 추고 굿즈도 살 수 있었지. 이런 가상 세계 공연의 장점은 관객도 공연에 참여할 수 있다는 거야. 단순히 앉아서 가수의 공연을 감상하는 기존의 콘서트와는 달라. 내 아바타가 무대에 올라 춤출 수도 있거든.

　이뿐만 아니라 가상 세계에서는 가상의 부동산, 옷이나 가방도 거래되고 있어. 또 비행기를 타지 않고도 가상 여행을 떠나기도 해. 소방관들은 가상 세계에서 재난 훈련도 하고 있지. 가상 세계 기술이 어디까지 활용될 수 있을지는 아무도 몰라. 가상 세계의 미래가 더욱 기대되는 이유야.

미래 기술 더 생각해 보기

가상 세계에서만 살고 싶다고?

현실에서는 평범한 학생이더라도, 가상 세계에서는 무엇이든 될 수 있고, 무엇이든 할 수 있어. 물이 무서워서 수영을 못하는 사람도 가상 세계 속에서는 세계적인 수영 선수가 될 수 있지. 우주 조종사가 되어 우주여행을 하고, 슈퍼맨처럼 세상을 구할 수도 있어. 현실과는 또 다른 삶을 살 수 있다는 점이 가상 세계의 매력이야. 하지만 가상 세계가 좋다고 그 안에서만 살 수 있을까?

인터넷이 처음 등장했을 때 '인터넷 중독'이 사회적으로 큰 문제가 됐어. 인터넷에 중독된 사람들은 다른 사람을 만나지도, 경제 활동을 하지도 않고 오직 인터넷만 했어.

마찬가지로 가상 세계가 등장하면서 사람들은 가상 세계에만 머무르려고 하는 '메타 폐인'이 생기지 않을까 염려하고 있어. 현실의 자신이 싫어서 가상 세계로 도망치는 사람들 말이야. 현실을 떠나 가상 세계에서만 산다면 현실의 나는 어떻게 되는 걸까? 어느 날 내가 만든 가상 세계가 싫어지지는 않을까? 현실 세계와 가상 세계에 동시에 살게 될 우리가 한 번쯤 생각해 봐야 할 일이야.

새로운 도전을 향하여

축하합니다! 미션을 모두 해결했군요.

빛나라초등학교 과학추리반 여러분이 추리해 낸 기술들은
곧 실현될 '미래 기술'입니다. 지금 한창 개발 중이거나
점점 발전하고 있는 기술이지요. 여러분이 어른이 될 즈음
이 기술들은 평범한 일상이 될 것입니다.

챌린지에 통과한 팀만 참여할 수 있는 다음 챌린지가
여러분을 기다리고 있습니다.
챌린지 통과 축하 선물은 바로 '2회차 챌린지 참가권'입니다.
언제 챌린지가 개최될지 모르니
늘 스마트 패드를 가지고 다니세요.

추신. 태슬아 선생님을 찾으려면 세계 과학 기술 박람회장으로 가시오.

팟 하는 소리와 함께 스마트 패드 화면이 꺼졌다. 좀 전까지 웅웅 울리던 증강 현실 화면이 일순간에 사라졌다. 사방이 쥐 죽은 듯 조용해졌다. 세 아이는 잠시 현실 세계에 초점을 맞추 느라 눈을 깜빡여야 했다.

"오늘이 몇 월, 며칠이지?"

다원이 멍한 목소리로 물었다. 분명 여덟 가지 미션을 해결 하며 시간이 많이 지났다고 생각했는데 핸드폰에 표시된 날짜 는 오늘이었다. 단지 한 시간이 지났을 뿐이었다.

"와아아아아악!"

세 아이는 동시에 비명을 질렀다. 등골이 오싹해진 아이들 은 다닥다닥 어깨를 맞댔다.

"그런데 얘들아, 우리 좀 멋지지 않았냐?"

"그래, 나랑 영실이가 좀 멋졌지. 다원이 너는 미래 기술 설 명하려면 공부부터 해야겠더라."

"김귀리! 다음 챌린지는 내가 다 해결할 테니 두고 봐."

다원이와 귀리의 대화를 듣던 영실이가 어쩔 줄 몰라 고개 를 두리번거렸다.

"얘, 얘들아. 아직 선생님이 돌아오지 않았어. 빨리 박람회에 가 보자."

'선생님'이란 말에 아이들은 정신이 번쩍 들었다. 도대체 이

번 챌린지와 선생님 사이에는 무슨 연관이 있는 걸까? 교무실에 다녀온다던 선생님이 갑자기 박람회에는 왜 간 걸까? 그리고 과연 그곳에서는 또 어떤 미션이 펼쳐질까? 아이들은 저마다 머릿속으로 자기만의 추리를 펼치고 있었다.

아이들은 정체를 알 수 없는 패드를 손에 꼭 쥐고 박람회장으로 향했다.

빛나라초등학교 과학추리반

ⓒ 강미숙, 주영휘, 2023

초판 1쇄 인쇄일 2023년 3월 24일
초판 1쇄 발행일 2023년 4월 7일

지은이	강미숙
그린이	주영휘
펴낸이	강병철
편집	정사라 박혜진 최웅기
디자인	서은영
마케팅	유정래 한정우 전강산
제작	홍동근

펴낸곳	이지북
출판등록	1997년 11월 15일 제105-09-06199호
주소	(04047) 서울시 마포구 양화로6길 49
전화	편집부 (02)324-2347, 경영지원부 (02)325-6047
팩스	편집부 (02)324-2348, 경영지원부 (02)2648-1311
이메일	ezbook@jamobook.com

ISBN 978-89-5707-326-1 (73500)

- 이 책은 저작권법에 따라 보호받는 저작물이므로 무단 전재와 복제를 금합니다.
- 파본은 구입처에서 교환해 드립니다.
- 이 책에 실린 모든 사진의 출처는 셔터스톡, 언스플래쉬입니다.

"콘텐츠로 만나는 새로운 세상, 콘텐츠를 만나는 새로운 방법, 책에 대한 새로운 생각"
이지북 출판사는 세상 모든 것에 대한 여러분의 소중한 콘텐츠를 기다립니다.